LA FAMILLE.

OUVRAGES DU MÊME AUTEUR.

Essai sur la Dialectique de Platon. Un vol. in-8. 3 fr.
De la Philosophie du Droit dans la doctrine de Kant. Une brochure in-8...................... 1 fr.

POUR PARAITRE PROCHAINEMENT :

Histoire de la philosophie morale et politique. Ouvrage couronné par l'Institut (Académie des sciences morales et politiques).

CORBEIL, TYPOGR. ET STER. DE CRÉTÉ

LA FAMILLE

LEÇONS DE PHILOSOPHIE MORALE

PAR

PAUL JANET

PROFESSEUR DE PHILOSOPHIE A LA FACULTÉ DES LETTRES
DE STRASBOURG

> Pour se reposer de la noble fatigue d'être bon, affable et délicat, l'homme n'a que l'heure du sommeil.
> SILVIO PELLICO.

> Ce qui fait qu'on goûte médiocrement les philosophes, c'est qu'ils ne nous parlent pas assez des choses que nous savons.
> VAUVENARGUES.

Deuxième Édition

PARIS
LIBRAIRIE PHILOSOPHIQUE DE LADRANGE,
RUE SAINT-ANDRÉ DES ARTS, 41.

1856

PRÉFACE

DE LA SECONDE ÉDITION

Le public a bien voulu accueillir avec intérêt ce petit ouvrage. Sorti de la famille, il est rentré dans la famille, et la bibliothèque du foyer l'a reçu comme un ami. C'était le plus cher de mes vœux, et je ne saurais trop remercier les personnes qui ont contribué à l'accomplir.

Ce livre est un livre de philosophie moyenne, ni scientifique, ni élémentaire, mais mondaine, populaire, domestique. Ce genre de philosophie est-il légitime ? Je le crois. Répond-il à quelque besoin de notre temps ? Je l'affirmerais volontiers.

Tandis que les esprits profonds creusent les problèmes de la philosophie savante, tandis que les imaginations curieuses ou frivoles se repaissent de la philosophie banale ou corrompue des romans, il est des natures sérieuses et candides, qui aimeraient trouver dans une sorte de philosophie intime l'histoire de leur âme, et une direction dans les perplexités de la vie ; il en est d'autres, éprouvées par la douleur ou désabusées des passions, qui se retremperaient avec bonheur dans les flots d'une philosophie forte et sereine ; d'autres, enfin plus vigoureuses, nées pour la science, la guerre ou la politique, mais qui, dans le loisir ou la retraite, accueilleraient avec complaisance, comme une douce récréation, une morale sans faste et sans pédantisme.

Ces diverses personnes méritent que la philosophie modifie son langage pour pénétrer jusqu'à elles. Si elle peut faire quelque bien dans le monde, dans les familles, même dans les classes inférieures, elle aurait tort de ne point le tenter. Elle ne s'abaisserait point d'ailleurs en étendant son action. Elle prouverait par là qu'elle n'est pas, selon l'expression de

Bacon, une vierge stérile, mais une mère bienfaisante et féconde distribuant avec abondance la nourriture autour d'elle. Elle se ferait connaître et aimer. Elle charmerait les hommes en les instruisant. Elle répandrait le goût du beau et du bon jusque dans l'âme des enfants, et imiterait elle-même le langage de l'enfance, c'est-à-dire la simplicité et l'ingénuité. Elle ne craindrait point de parler au cœur, parce qu'elle s'appuierait sur une raison ferme : une méthode précise et sévère la gouvernerait jusque dans la liberté et l'abandon du langage familier. Elle n'éviterait pas l'enthousiasme. Qu'est-ce que la vie sans cela ? Mais elle ferait la guerre au faux enthousiasme, à cette sensibilité malade et effrénée, qui souffre de tout, et qu'un mirage décevant entraîne sans cesse hors des lois communes et des règles consacrées : elle ferait aussi la guerre à cette fausse raison, à cet égoïsme sec, bas et rampant, qui dédaigne le sentiment, rit de la poésie, ignore l'amour, et n'estime que le bien-être et la fortune. Elle apaiserait, elle relèverait, elle rapprocherait les unes des autres les âmes engourdies par le scepticisme et les âmes égarées par l'imagination : à celles-ci, elle inspirerait un sentiment plus juste de la vie, à celles-là, quelques émotions généreuses. Elle guérirait ainsi bien des misères : car il y a beaucoup de maux qui naissent aujourd'hui d'une lutte secrète entre une raison sèche et une sensibilité exagérée. Toute la casuistique des romans repose sur cette contradiction.

A vrai dire, le mal de la littérature romanesque n'est point de faire la part à l'imagination et à la passion, mais de les détourner de leur juste emploi. Le cœur de l'homme a besoin de passion, sans quoi, il se dessèche, et la vie n'a plus de ressort. Mais la passion trouve son aliment dans l'ordre légitime des affections humaines, et c'est un espace assez vaste, pour donner carrière aux épanchements des cœurs les mieux doués. Ce ne sont pas toujours les âmes les plus riches qui cherchent à franchir les sentiments réglés, pour se jeter dans les passions extraordinaires : peut-être est-ce là plutôt un signe d'impuissance que d'exubérance. On ne cherche à trop aimer que lorsque l'on ne sait pas assez aimer. Je ne voudrais pas non plus renoncer à toute imagination. L'imagination flottant dans le vide, réservant toutes ses couleurs pour l'illicite ou l'impossible, détournant l'âme des occupations réglées et des obligations précises, égarant le cœur, renversant la raison, engourdissant la volonté, est une faculté pernicieuse, d'autant plus cruelle que ses blessures sont plus douces. Mais l'imagination, lorsqu'elle se borne à embellir la vie réelle, nous donne des forces pour la supporter et pour l'aimer : elle prête du charme aux choses les plus vulgaires, elle double le plaisir, elle inspire à l'homme le désir du mieux, et, par le chemin de l'idéal, elle le conduit à l'amour de l'infini.

C'est un grand mensonge de laisser croire que la vie de devoir soit nécessairement sèche, aride, ennuyeuse, et la vie de passion, vive, brillante, enchanteresse. La seconde a bien des ennuis, et la première a bien des plaisirs. Êtes-vous séduit par les tourments mêmes et les agitations de la vie passionnée, sachez que le devoir a aussi ses nobles aventures, ses épreuves tendres ou terribles, et mille belles difficultés pour occuper les cœurs scrupuleux. Êtes-vous effrayé de ce qu'il y a quelquefois d'aride dans les obligations sérieuses de la vie? Mais rien n'égale les aridités de la passion, lorsque, séparée de son objet par l'impossible, elle se nourrit d'elle-même dans un sombre ennui, ou lorsque, maîtresse de ce qu'elle désire, elle passe en un instant de l'enthousiasme à la satiété.

Ainsi une philosophie condescendante et compatissante, mais sans illusion, écarterait les chimères de la fausse imagination et de la fausse passion, et mettrait toutes choses dans leur vrai jour, sans éteindre cette chaleur de l'âme, qui peut s'unir à la raison la plus droite, et qui l'orne même, en s'y ajoutant, comme la beauté à la jeunesse (1).

Je me borne ici à exprimer quelques traits de cette philosophie moyenne et intime dont

(1) Expression d'Aristote.

je parlais en commençant et qui s'approcherait un peu plus de la vie réelle, que la philosophie ordinaire. Il faut avouer que l'on éprouve quelquefois une impression pénible en passant de la science à la vie, et qu'il faut beaucoup de temps et de courage d'esprit, pour adapter les principes de l'une avec les expériences de l'autre. La philosophie ne doit-elle pas elle-même aplanir ce passage aux hommes de bonne volonté et descendre de quelques degrés, pour les élever jusqu'à elle ? Les sceptiques diront que la morale n'a jamais corrigé personne. J'avoue qu'il y aura toujours un abîme entre les préceptes et l'action ; et cet abîme ne peut être franchi que par la volonté de chacun. Ce n'est point une raison pour taire ce qui est utile. C'est le devoir de la morale. Le reste ne la regarde pas.

Je n'ai rien à dire de cette nouvelle édition, à laquelle je n'ai rien changé, si ce n'est quelques détails. Mais ce que je ne veux point oublier en terminant, c'est de remercier la critique de l'appui favorable qu'elle a prêté à ce livre d'un nouveau venu. Elle aurait pu être plus sévère, sans manquer à la bienveillance : mais je ne me suis point mépris sur son indulgence, et j'y ai vu surtout un encouragement à faire mieux.

Strasbourg, 13 février 1856.

AVANT-PROPOS.

Les leçons suivantes ont été prononcées à Strasbourg devant un assez grand nombre de personnes dont quelques-unes ont encouragé l'auteur à les publier. J'ai cru devoir leur laisser leur forme primitive (1), afin que le lecteur se rendît bien compte des conditions dans lesquelles ce livre a été composé, et qui ne laissaient point au professeur toute sa liberté. Si je n'avais parlé qu'à des philosophes, j'aurais donné davantage au raisonnement et à la recherche des principes. Si je n'avais parlé qu'à des hommes, j'aurais traité plus hardiment et avec plus de force les parties les plus

---

(1) Tout en reproduisant autant que possible les leçons telles qu'elles avaient été faites, je ne me suis pas interdit d'y introduire des changements, lorsque je l'ai cru nécessaire. J'ai ajouté quelques développements, j'ai supprimé les longueurs inévitables dans l'enseignement. Enfin on trouvera deux leçons entièrement nouvelles (les leçons v et ix) qui n'avaient pas pu trouver leur place dans le cours faute de temps.

délicates du sujet. Mais devant un auditoire des deux sexes, composé de personnes de tout âge, j'ai dû me borner aux questions pratiques et à une morale familière, que tout le monde pouvait comprendre et écouter.

La matière de ces leçons est une de celles où il est le moins facile et le moins désirable d'innover. Cependant, à toutes les époques, les sujets les plus rebattus doivent se présenter sous un aspect particulier. L'esprit de liberté, qui est le caractère évident des temps modernes, a demandé à avoir sa place dans la famille ; et là, comme ailleurs, c'est peut-être en lui faisant sa juste part, qu'on évitera ses excès. Il y a certains points qui paraissent acquis et que l'on regarderait à tort, je crois, comme des symptômes de décadence. La liberté du choix dans les unions, une plus grande confiance entre les époux, plus de douceur dans l'éducation, plus d'égalité entre les enfants : voilà les tendances irrécusables de nos mœurs actuelles. Le problème est de concilier ces nouveaux faits avec les principes sacrés de la hiérarchie domestique. La meilleure manière de résoudre ce problème est peut-être de ne point le poser dans ses termes abstraits, et de ne point soulever la question, si obscure en théorie, de la conciliation de l'autorité et de la liberté. Ces deux grandes rivales ne peuvent être placées l'une en face de l'autre, sans faire naître aussitôt la passion et l'injustice. Il vaut mieux les voir se concilier d'elles-mêmes dans le détail des actions et dans le mouvement de la vie. Nous n'avons donc point proposé une constitution de la famille où serait écrit : Ici finit l'autorité ; ici commence la liberté. Ce qui vaut mieux que des formules, c'est le sentiment juste et vif du devoir et du droit. *La lettre tue, et l'esprit vivifie.*

Quelques-uns pourront s'étonner de voir la philosophie abandonner la langue sévère de la science pour la langue populaire, et les grands problèmes métaphysiques et scientifiques pour des problèmes à la portée de tout le monde, dont la solution est dans le cœur beaucoup plus que dans la logique. Mais on peut dire qu'il en a été ainsi dans tous les temps. Il y a toujours eu deux philosophies : l'une hardie, aventureuse, savante, aspirant à pénétrer les derniers secrets des choses par la force de la méthode ; l'autre moins ambitieuse, contente de donner aux hommes quelques règles de conduite, empruntées à l'étude du cœur humain. L'antiquité, à laquelle il faut toujours revenir en philosophie, était bien loin d'avoir nos scrupules : elle ne renfermait pas la philosophie dans l'école, elle savait parler un langage familier et naïf, elle aimait à entretenir les hommes de leurs devoirs ; elle ne se lassait pas de traiter des intérêts de la vie humaine, et des objets les moins éloignés de nous, la richesse, la pauvreté, la fortune, les bienfaits, l'amitié, la vieillesse. L'immortel Socrate n'avait pas d'autres entretiens sur la place publique d'Athènes. Il enseignait aux jeunes élégants l'amour fraternel, la piété filiale, les bienfaits de l'amitié et les dangers de l'amour.

Quelques métaphysiciens intraitables, surtout en Allemagne, soutiennent que les moralistes qui se sont appliqués à la description des mœurs et des caractères, à l'analyse des passions et des vertus, ne sont point des philosophes. Mais je voudrais savoir quel intérêt la philosophie peut avoir à exclure de son sein précisément les hommes qui lui font le plus d'honneur, qui lui gagnent le plus d'esprits, et dont les idées ont ce privilége d'être comprises et goûtées de tout le monde. Est-ce à dire que la philosophie tienne à honneur de ne point se laisser comprendre, et devons-nous considérer comme des traîtres ceux qui abaissent ses doctrines jusqu'au point de les rendre utiles?

On ne peut nier que la philosophie n'ait provoqué, depuis plusieurs années, une certaine défiance, et quelque éloignement. Les philosophes ont dû chercher par quel côté ils se rendraient le monde plus favorable et plus attentif. Je ne vois pour cela que deux moyens : le premier serait d'associer de nouveau la philosophie aux sciences, dont elle n'aurait jamais dû se séparer, et de renouer l'alliance qui a toujours existé entre elles, en particulier au xviie siècle. Le second, c'est d'entrer dans la morale pratique,

b

et de parler du devoir et des devoirs. Il semble que rien ne doive être plus désagréable à l'homme qu'un tel sujet, qui lui inspire toujours des retours pénibles : et il arrive au contraire qu'il n'en est point de plus attachant ; c'est pour nous tous un plaisir extraordinaire de recevoir des leçons, même sévères. Dans les autres sciences nous ne sommes que spectateurs : dans la morale chacun est acteur et héros, héros châtié, humilié, mais préférant toujours le châtiment et l'humiliation à l'oubli.

Je ne veux point dire que la philosophie doive sacrifier la science à la popularité. Ce serait là un mauvais marché. C'est toujours la spéculation qui fournira ses principes à la pratique. Si l'une cesse, l'autre est bien vite tarie. La morale, séparée de toute philosophie générale, tombe dans le lieu commun ou dans le scepticisme. Il ne s'agit donc point de renoncer à la métaphysique qui est la philosophie elle-même; mais de faire quelques excursions sur le domaine de la vie réelle, et de ramener les esprits à une appréciation plus équitable des principes de la science par une exposition claire et touchante de ses conséquences.

On s'est fait de tels monstres de l'esprit philosophique, que le monde n'apprend pas sans étonnement qu'un philosophe défend le juste et l'honnête. On lui en sait gré ; mais il semble qu'il ne soit pas dans son rôle, et qu'il trahisse. Et cependant à ces préventions injustes on peut répondre par des faits précis. La philosophie, dit-on, sacrifie le devoir au droit : voilà un philosophe qui publie un livre éloquent sur le *Devoir* (1). La philosophie, dit-on, adore la nature : un philosophe écrit un livre *sur la Providence* (2). La philosophie, dit-on encore, est l'ennemie du christianisme : un philosophe consacre quatre années de sa vie à traduire *la Cité de Dieu*, de saint Augustin ; il se plaît à démontrer dans une forte introduction les affinités de la philosophie et du christianisme (3). Enfin la philosophie confond le vrai et le faux, le beau

---

(1) M. Jules Simon.
(2) M. Ernest Bersot.
(3) M. Emile Saisset.

et le laid, le bien et le mal : un philosophe illustre, résumant sa doctrine dans un dernier et admirable écrit, défend avec énergie les principes de la logique, de l'art et de la morale, et rattache à la nature de Dieu les idées éternelles *du Vrai, du Beau et du Bien* (1).

Ce petit livre n'a pas la portée de ceux que je viens de nommer. Mais dans un cercle limité, j'espère qu'il montrera que la philosophie n'hésite point à défendre les grands principes de l'ordre moral et religieux ; et si elle est amie de la liberté, ce n'est pas pour affanchir les hommes du devoir, mais au contraire pour leur apprendre à l'accomplir avec réflexion et en connaissance de cause.

Avouons-le, nous sommes dans un temps où la force des traditions s'affaiblit de jour en jour. L'homme veut se servir de sa raison. L'important est qu'il s'en serve bien. Si vous voulez continuer à le conduire par l'habitude, il vous trompera, et appliquera sa raison à nier les choses respectables et à satisfaire ses passions. Il faut tour-

(1) M. Victor Cousin.

ner au bien ces dispositions d'indépendance, et lui montrer qu'après tout ce qu'il y a de plus raisonnable, c'est d'être honnête homme.

Mais si ceux qui aiment le bien se font la guerre entre eux parce qu'ils ne l'aiment point de la même manière, quel avantage en espère-t-on pour le progrès des mœurs publiques? Pendant que nous nous disputons, les âmes nous échappent. Or, de quoi s'agit-il, je le demande? Est-ce d'avoir le dernier mot? Non, mais de faire quelque bien. Cherchons donc où est le vrai sans troubler personne, et respectons tous ceux qui, par une méthode ou par une autre, travaillent sincèrement à l'amélioration des hommes.

Le sujet traité dans ce livre l'a déjà été dans plusieurs écrits. Il n'est point étonnant que les événements aient porté à la fois plusieurs esprits réfléchis vers les mêmes études. Mais j'ai pensé que le sujet n'était pas épuisé, et je crois qu'il ne le sera jamais. Je dois citer particulièrement *La Famille*, par M. Dargaud, le brillant auteur de l'*Histoire de Marie Stuart, La Famille considérée au point de vue moral et social*, par M. Buisson, pasteur protestant à Lyon, et enfin plusieurs ouvrages de M. l'abbé Chassay. Ces deux derniers auteurs ont traité la question au point de vue religieux, chacun selon l'esprit de sa communion.

Mais surtout je ne dois point oublier un ouvrage publié récemment à Stuttgard, par M. Riehl, et qui a obtenu un grand succès au delà du Rhin. C'est un livre plein d'esprit, et quelquefois même éloquent. L'auteur a un véritable culte pour la vie domestique, et au service de cette belle passion il met une richesse de faits, de détails de mœurs, d'observations, de vues personnelles qui donnent beaucoup d'attrait à son livre, dans lequel on trouvera plus de paradoxes que de lieux communs, mais de paradoxes favorables à une bonne cause. Cependant, quelque sympathie que m'inspirent le talent et les sentiments de l'auteur, je ne puis le louer sans réserve, et j'ai deux reproches à lui faire. Le premier, c'est sa préférence partiale pour l'ancien régime, dont il ne voit que les beaux côtés, et dont il oublie les vices et les imperfections. Il ne nous paraît pas sage d'associer la cause de la famille à celle d'un passé à jamais détruit. Le second est une antipathie tout à fait injuste pour la France, et qu'il laisse percer à tout propos. Un sentiment si peu raisonnable n'est vraiment pas digne d'un esprit aussi distingué. Il semble que la France soit responsable de la décadence des mœurs domestiques en Allemagne, dont l'auteur se plaint à tort ou à raison, nous n'en sommes pas juge. Que nous ayons nos travers, cela est possible, nous ne nous croyons pas parfaits. Mais nous ne sommes pas non plus sans pouvoir donner quelques bons exemples, et ce n'est pas notre faute, si l'on n'imite que nos défauts, et encore maladroitement. Je veux croire que l'Allemagne est la terre classique de la vie de famille : ce n'est point à dire qu'en France nous ne sachions vivre que dans les salons. Après tout, une certaine politesse d'esprit n'est pas un crime, et le salon français vaut bien, quoi qu'en dise l'auteur, l'auberge où s'enivraient les bons bourgeois d'autrefois. Mais ces réserves une fois faites, nous sommes heureux de rendre hommage aux sentiments rares et distingués qui animent l'auteur allemand. Nous défendons la même cause, et la communauté du sentiment moral doit effacer les dissentiments d'opinions.

LA FAMILLE.

PREMIÈRE LEÇON.

LA VIE DE FAMILLE.

Sommaire. — Objet, motifs et plan du cours. — Sujet de la première leçon : De la famille en général. — Ses bienfaits : double besoin de la nature humaine : vivre en autrui, revivre en autrui, amour conjugal, amour paternel. — Ses difficultés : 1° servitudes inséparables de la famille ; 2° complications accidentelles ; 3° opposition des caractères. — La douleur dans la famille. Pourquoi ? La douleur, expiation et avertissement. — Bonheur domestique.

Messieurs,

Le sujet que j'entreprends de traiter ici est du nombre de ceux où celui qui écoute en sait autant et quelquefois plus que celui qui parle. Il y a là pour l'orateur un péril et un avantage : un péril, car dans de telles matières, la nouveauté est impossible et l'originalité dangereuse ; un avantage, car nous aimons tous à entendre parler de ce que nous savons, et la comparaison de nos propres idées à celles que l'on nous propose nous procure un plaisir délicat que n'offrent pas d'ordinaire les matières savantes où la parole tombe de trop haut. D'ailleurs, j'aime les vieilles vérités, sans détester les nouvelles; j'aime ces grandes banalités qui sont la raison éternelle, la raison pratique, la raison vivante du genre humain. Deux choses m'ont déterminé au choix de mon sujet : son intérêt permanent et universel, et son opportunité. Est-il un homme dont la famille ne soit une partie de la vie, ou présente ou passée ou future, chez qui ce mot prononcé ne fasse vibrer quelque corde, et dont il n'obtienne quelque sourire ou quelque larme ? D'un autre côté, personne n'ignore, même parmi les moins initiés aux terribles agitations morales de ce siècle-ci, que la famille a eu de nos jours des adversaires et des détracteurs, et qu'elle a exercé l'esprit inventif des réformateurs. Sans même parler de ces nouveaux systèmes, dont il ne faut pas exagérer l'importance, quelques esprits peut-être chagrins, peut-être clairvoyants, prétendent voir dans nos mœurs des signes certains de l'affaiblissement de l'esprit de famille. Ces symptômes n'eussent-ils pas la gravité qu'on leur suppose, c'est assez qu'ils se produisent dans une société pour qu'elle s'inquiète et se prémunisse : il est donc opportun de parler de la famille, soit pour la faire aimer, soit pour la défendre. Voilà nos motifs et voilà notre objet.

Mais quelle méthode emploierons-nous ? La plus rigoureuse et la plus décisive, à ce qu'il semble, serait de prendre hardiment à partie nos adversaires, d'écarter leurs objections, de les repousser dans leurs retranchements, et, une fois le champ libre, de vous exposer la théorie de la famille dans ses principes et dans toutes ses conséquences morales ou sociales. Ce serait là, je crois, messieurs, la méthode savante : ce n'est pas celle que nous choisirons; non pour complaire à un auditoire peu préparé aux discussions philosophiques, mais par des raisons plus hautes, que vous approuverez. La polémique, qui est admirable dans l'ordre spéculatif et scientifique, a souvent ses périls dans l'ordre moral. Elle trouble plus qu'elle n'éclaire, et souvent celui qui s'en sert se blesse lui-même de ses propres armes. Il est surtout des sujets, j'ose dire, si susceptibles et si chastes, qu'il y a presque des inconvénients à y avoir trop raison. J'oublierai donc en commençant que la famille a eu ses adversaires; et la considérant comme un fait non contesté, j'en ferai l'histoire et non l'apologie : mais de cette histoire, si elle est vraie et fidèle, sortira la meilleure des apologies, celle qui résulte de l'assentiment irrésistible d'un cœur bien né en présence de la vérité même.

Quant au plan de ces leçons, j'ai cru qu'il ne pouvait être trop simple. Je traiterai d'abord de la famille en général, puis de chacune des personnes qui la composent, et je terminerai en répondant brièvement et discrètement à quelques objections malsaines qui circulent et planent dans l'atmosphère de notre temps et auxquelles d'habiles écrivains ont prêté l'appui de leur enivrante et cruelle éloquence.

Le sujet de cette première leçon sera donc la vie de famille, son action morale sur l'homme, les épreuves qu'elle lui suscite, les efforts qu'elle exige de sa vertu, les récompenses qu'elle promet à son courage, enfin la part qu'elle a au bonheur et à la sagesse, c'est-à-dire à l'accomplissement de notre destinée terrestre.

Je viens de parler du bonheur : qu'est-ce donc que le bonheur ? question agitée par toutes les écoles de philosophie, que dis-je ? par tous les hommes, et qui sera éternellement discutée, tant qu'il y aura des hommes qui souffrent et qui pensent, et tant que les derniers mystères de l'âme et de la vie ne seront pas dévoilés. Sans pénétrer dans ces profondeurs, et en empruntant au bon sens quelques idées très-suffisantes pour le sujet qui nous occupe, je crois pouvoir dire que le caractère le plus incontestable du bonheur, celui auquel tout le monde le reconnaît, c'est la paix ; mais il y a deux sortes de paix : l'une, immobile et obscure, n'est que l'impuissance de vivre et de sentir : c'est la paix de la pierre et du cadavre ; l'autre est un épanouissement harmonieux de toutes les puissances d'un être vivant, sensible et raisonnable. Je ne parle pas de cet ébranlement passager et troublé que l'on appelle le plaisir et que peut éprouver même une créature très-malheureuse, mais de cette joie intime et profonde que procurent à l'âme l'exercice d'une activité saine et la satisfaction d'un vrai besoin.

L'une des sources les plus vives et les plus pures du bonheur humain, ce sont les affections ; et parmi les affections, il en est deux qui paraissent entre toutes les autres convenables à notre nature et qui rempliraient le cœur de l'homme, si ce vaste cœur pouvait être rempli : c'est l'amour conjugal et l'amour paternel ou maternel. Ces deux affections répondent à deux besoins inséparables de notre être :

1.

le besoin de vivre en autrui, et le besoin de revivre en autrui.

Il n'y a rien de plus terrible pour l'homme que l'isolement : on en a vu la preuve, lorsque, dans ces derniers temps, une philanthropie généreuse ayant conçu des doutes sur la justice d'une peine antique et effroyable, a essayé de lui substituer la peine de la solitude. L'expérience, dit-on, semble avoir démontré que cette peine nouvelle était plus cruelle encore que celle qu'elle voulait remplacer. L'homme ne peut supporter l'isolement, parce que seul, il ne peut échapper à la pensée de son néant. Voilà pourquoi les hommes bâtissent des villes, nouent des sociétés, donnent des réunions, courent aux promenades, ou entretiennent des intimités. Mais rien de tout cela ne suffit encore ; ce n'est pas assez de rencontrer au dehors une main amie, une parole sympathique, des cœurs affectueux : ce qui nous pèse surtout, c'est la solitude du foyer domestique, c'est l'intérieur vide et désert, c'est l'absence d'un être fidèle sur qui nous puissions compter dans la maladie, dans la joie, dans le chagrin et au moment suprême. Voilà pourquoi l'on voit souvent l'ami s'unir à l'ami, le frère au frère, et, ce qui est plus touchant encore, le frère à la sœur et le fils à la mère. Mais ces imitations ou ces démembrements de la famille, ne sont pas toute la famille, ne sont pas la famille même; ils n'en sont que l'ébauche ou les débris. Il y a une association plus intime encore, voulue par la nature, dans laquelle la faiblesse se marie à la force, la grâce au sérieux, les molles tendresses à la raison austère et le travail au plaisir ; association indispensable à la durée de l'espèce humaine et à la fois pleine d'enchantements pour l'individu.

Et ici il faut bien que je dise quelques mots, je vous en demande pardon, du sentiment qui donne naissance à la famille, sans lequel la famille ne serait pas, et qui doit avoir sa raison d'être, puisqu'enfin nous ne l'avons pas fait et qu'il vient de celui qui a tout fait. Ce sentiment a deux caractères remarquables : une étendue extraordinaire et une puissance singulière de transformation. Il prend l'homme tout entier par les sens et par l'âme, et, dans l'âme, il touche, il ébranle toutes les facultés, les plus vives et les plus sérieuses, les plus délicates et les plus profondes : l'imagination, l'esprit, le cœur, la raison même ; car, ainsi que l'a dit Pascal, qui n'a pas dédaigné d'écrire sur ce sujet profane des pages admirables : « L'amour et la raison n'est « qu'une même chose : c'est une précipitation de

« pensées qui se porte d'un côté sans bien examiner
« tout, mais c'est toujours une raison... Les poëtes
« n'ont donc pas raison de nous dépeindre l'Amour
« comme un aveugle ; il faut lui ôter son bandeau
« et lui rendre désormais la jouissance de ses yeux. »
L'amour est de tous nos sentiments celui qui paraît
avoir le plus de regards vers les côtés mystérieux et
indéfinis de notre destinée et de notre être. Voilà
pourquoi il s'associe si bien à la poésie, à la poésie
qui n'est pas seulement l'amusement de l'imagination et l'ornement de l'esprit, mais qui, dans les
âmes élevées, est une partie de la vie même. Platon,
qui, vous le savez, est le grand philosophe de l'amour, n'a pas craint de l'appeler un enthousiasme
et un délire envoyé par les dieux. Je sais que cette
exaltation produit souvent les effets les plus déplorables ; mais ce n'est pas la faute du sentiment lui-
même, c'est celle de l'homme qui ne sait pas le
contenir et le gouverner. Tous nos sentiments, lorsqu'ils s'unissent à un esprit faux et à une volonté
faible, sont susceptibles d'égarements : ce n'est pas
une raison pour nier ce qu'il y a de divin en eux.
Une société qui ne saurait plus reconnaître cette
partie divine des sentiments, quelle que fût sa force
extérieure, la splendeur de son luxe et de son in-

dustrie, serait une société condamnée à périr.

D'ailleurs, l'exaltation est loin d'être indispensable au sentiment de l'amour ; car, nous l'avons dit, il s'accommode merveilleusement à toutes les situations de la vie et à tous les caractères humains. Naïf et paisible dans les cœurs simples, il peut être passionné sans désordre dans les âmes vives, héroïque ou contemplatif, quelquefois même presque religieux ; il peut naître en un instant ou résulter d'une longue familiarité ; il peut avoir les apparences de la simple amitié ; il peut ne pas attendre le devoir et n'en avoir pas besoin pour rester pur et fidèle ; et quelquefois il naît du devoir même, et nous voyons Corneille atteindre au sublime de la poésie et du pathétique, en nous peignant dans Pauline la passion inspirée par le seul devoir. Mais quelle que soit la forme que prenne ce sentiment, il ne faut pas compter sans lui. Si sa présence est souvent à craindre, son absence ne l'est pas moins. Il est bon qu'un œil vigilant et qu'une main protectrice écarte d'une jeune imagination le péril des hallucinations romanesques ; mais il ne faut pas tout sacrifier aux conseils stériles d'une raison sèche et rampante, de peur que des sentiments naturels non satisfaits dans la mesure qui convient ne cherchent leur aliment en dehors de l'ordre et de l'honneur. Je trouvais dernièrement dans un vieux livre indien, dans un code qui n'a pas moins de trois mille ans de date, le code de Manou, une expression délicieuse pour rendre ce que nous appelons assez froidement en français un mariage d'inclination. Savez-vous comment ces vieux et immobiles Indiens appellent cela? Le mariage des *musiciens célestes*. Eh bien, messieurs, cette musique céleste a son prix, et ce n'est pas seulement l'imagination, c'est la raison même qui conseille de ne point la dédaigner. Pardonnez-moi de plaider ici la cause d'un sentiment justement suspect, et contre lequel on ne saurait trop se tenir en garde; je ne l'aurais point osé, si je n'avais cru pouvoir me couvrir auprès de vous du nom de deux écrivains éminents, madame de Staël, M. Guizot, qui, l'un dans son livre *De l'Allemagne*, l'autre dans un article récent et universellement applaudi de la *Revue des Deux Mondes*, ont également défendu, avec l'autorité de leur haute raison, l'amour dans le mariage.

Il est vrai que la passion ne dure pas toujours, et n'a d'ordinaire qu'un temps plus ou moins long, que nous appelons en français d'une expression ingénieuse et délicate. Mais cela même a sa raison : car, s'il est nécessaire que l'homme, pour entrer dans les grands engagements de la famille, y soit entraîné tout entier, il importe que, pour suffire à ces engagements, il reprenne la possession de lui-même, et que l'imagination laisse le cœur libre de ne plus obéir qu'à la raison. Mais ce que le sentiment perd de sa fraîcheur, il le gagne en maturité. La fleur se fane, mais les racines s'enfoncent, s'approfondissent et se multiplient ; et, sous cette intimité froide et monotone, telle qu'elle paraît aux yeux des indifférents, il y a des nœuds secrètement entrelacés avec tant de force que leur rupture déchire souvent d'une manière irrémédiable le cœur de celui qui reste.

Puisque l'amour est un sentiment naturel et légitime, où doit-il trouver sa satisfaction? dans la famille ou hors de la famille ? En dehors de la famille, messieurs, ce sentiment manque de deux conditions indispensables au bonheur et à la paix : la sécurité et la dignité ; ces deux conditions, il les remplace par l'exagération. De là ces mouvements fébriles, violents, honteux, que des plumes corruptrices ont présentés à nos imaginations faibles et fascinées comme l'idéal du bonheur, comme la seule tentation digne d'une âme libre et généreuse, mais qui ne portent en réalité au cœur qu'ils ont une fois subjugué que l'ennui, la honte et le désespoir.

De tous les sentiments humains, l'amour conjugal est donc celui qui satisfait le plus et le mieux au besoin de vivre en autrui, de s'appuyer sur autrui, qui, par conséquent, dissimule le mieux à l'homme son vide et son néant. Grâce à ce mélange de deux existences, la vie prend en quelque sorte plus de solidité. Appuyés sur un être chéri, nous croyons vivre, nous aimons vivre, nous voulons vivre, et cela est un bien : car, ainsi que l'a dit un philosophe, « la vie n'est pas la méditation de la mort, mais de la vie. » J'avoue que cette solidité n'est qu'apparente, et que cela même, comme tout ce qui est sous le soleil, n'est que vanité. Mais on vous disait récemment avec finesse et éloquence que l'homme a besoin d'illusions, et on vous invitait à en chercher dans la vie fictive. Je crois rester fidèle à cette pensée en ajoutant que ces illusions, elles sont dans la vie réelle, qu'elles nous enveloppent de toutes parts, et que nous ne pouvons nous en détacher un seul instant. Nous bâtissons des maisons pour y reposer nos vieux jours, c'est une illusion, car nous mourrons demain ; nous plantons des arbres pour jouir de leur ombrage, c'est une illusion, nous ne sentirons pas leur parfum ; nous élevons des enfants pour en faire des hommes, c'est une illusion, nous ne verrons pas leurs couronnes ; nous nous appuyons sur le bras d'une femme aimée, ou nous lui promettons notre appui, c'est une illusion, car nous la laisserons veuve ou nous la pleurerons dans la solitude. Mais de telles illusions sont nécessaires : car le jour où elles viendraient à nous manquer, il n'y aurait de paix pour nous que dans le tombeau.

Le second besoin d'où naît la famille, c'est celui de revivre en autrui. Il a la même cause que le précédent : l'ennui de soi-même et l'impatience de combler le vide de notre existence en la multipliant. L'homme aime tant vivre qu'il veut vivre deux fois, de là l'affection conjugale, et qu'il veut se survivre, de là l'affection paternelle.

C'est de cet amour de la vie que naît le désir de l'immortalité. La religion satisfait à ce désir en promettant à l'homme une autre existence : mais cela ne suffit pas encore, c'est sur cette terre même que l'homme aspire à une sorte d'immortalité. Les uns la cherchent dans la perpétuité de leur nom; l'amour de la gloire n'est qu'une des formes de ce vaste amour de l'être. *Non omnis moriar*, dit Horace, je ne mourrai pas tout entier. Voilà le cri des poëtes et des héros. Mais une telle immortalité n'est promise qu'à un bien petit nombre, et la plupart essaient de se donner le change en renaissant dans leurs enfants. On oublie que les cheveux tombent et blanchissent en voyant naître, grandir, fleurir, mûrir autour de soi ces jeunes plantes si aimées. Vous connaissez la belle expression de madame de Sévigné écrivant à sa fille : « J'ai mal à votre poitrine. » C'était bien dire que les parents vivent de la vie de leurs enfants, souffrent de leurs souffrances et meurent de leur mort : et la pensée qui nous fait regarder les enfants comme des membres de nous-mêmes n'est pas une pure illusion ; c'est notre chair et notre sang, mais surtout c'est notre âme, ce sont nos exemples, nos leçons, nos vertus ou nos faiblesses qui revivent en eux, et, si après nous ils méritent par leur conduite l'estime et le respect du monde, nous pouvons revendiquer une partie de ces hommages, comme nous devons nous-mêmes reporter sur nos parents une grande partie des éloges que nous pouvons mériter; et c'est ainsi qu'il se fait de générations en générations une tradition heureuse ou malheureuse de vertus ou de vices, chacun recevant ou transmettant à son tour, par l'éducation et par l'exemple, une partie de lui-même.

Ainsi la famille complète et perpétue notre être : elle l'étend dans l'espace et dans la durée. L'homme seul n'occupe qu'un point sur la surface de la terre, et en mourant ne laisse rien après soi. La famille étend ses rameaux, envoie au loin ses rejetons et plonge des racines presque immortelles. La famille demande à l'homme le sacrifice de son être, mais elle le paie par l'augmentation de son être : elle le force à s'oublier lui-même, mais elle lui permet de se retrouver en autrui : elle concilie le bonheur de la personnalité et le bonheur du dévouement, et, dans un cercle bien circonscrit, elle trouve la juste mesure si convenable aux besoins et à la puissance moyenne de la nature humaine entre l'égoïsme solitaire et l'abnégation absolue.

Tels sont les bienfaits de la famille, mais ces bienfaits ne vont pas sans difficultés et sans périls. Ces difficultés peuvent être ramenées à trois causes : 1° la nature même des choses et les conditions inévitables de la famille ; 2° les circonstances extérieures, accidentelles, fortuites ; 3° la diversité des caractères.

1° La famille donne beaucoup, mais elle ne donne pas sans condition. Une des erreurs les plus communes est de tout exiger de la famille sans lui rien donner ; de lui demander le repos dans l'ennui, les soins dans la maladie, la gaieté dans la tristesse, mais de vouloir conserver en même temps tous les avantages d'une vie libre et dégagée. La vie libre a ses plaisirs, la famille a les siens. Vouloir jouir à la fois des uns et des autres c'est les manquer également. On ne retrouve pas à heure dite la sérénité, la paix dont on a besoin ; ces biens ne résultent que de l'habitude. Pour jouir de la famille il faut y vivre, y rester, en accepter les liens. *Cella continuata dulcescit*, dit l'Imitation, la cellule devient douce à force d'y demeurer. La famille est une servitude : je ne dis point cela pour l'abaisser, mais pour la relever ; c'est une noble servitude où chacun se doit tout à tous. L'autorité elle-même dont nous défendrons la cause, car là est le salut de la famille, n'est encore qu'un esclavage, et la devise de la famille pourrait être cette belle et sainte parole : Je ne suis pas venu pour être servi, mais pour servir. L'amour, suivant la doctrine de tous les grands mystiques, car, à cette hauteur, les principes qui dominent la science de l'amour divin peuvent s'appliquer à la science de l'amour humain, l'amour n'est pas mercenaire : s'il demande sa récompense, il ne l'obtient pas ; il vit de sacrifices, il est tout entier dans l'objet aimé, et comme cet amour est réciproque, chacun reçoit autant qu'il donne : excepté la dignité et la vertu, l'amour ne se réserve rien, il est gratuit, il est pauvre, il est nu. Voilà ce qu'est l'amour, ou plutôt voilà ce qu'il doit aspirer à être : car dans les tristes conditions que nous fait la nature humaine, nous sommes obligés de descendre sans cesse de l'idéal au réel et de l'inflexibilité des principes aux condescendances de l'application.

2° La famille, messieurs, ne vit pas sans un certain nombre de conditions extérieures de différente nature : conditions de fortune, de position, de naissance. Ces conditions sont très-importantes, et elles peuvent contribuer beaucoup au bonheur ou au malheur, à la bonne ou à la mauvaise conduite de la famille. Or, les devoirs nécessaires de la famille sont déjà par eux-mêmes assez difficiles ou assez sévères pour qu'il soit inutile de les compliquer encore en méprisant ces convenances reconnues salutaires par l'expérience des hommes. J'approuve donc de tout mon cœur cette sagesse pratique qui écarte prudemment des jeunes unions les contrastes de fortune ou d'éducation rarement conciliables avec la paix intérieure. Les parents entendent d'ordinaire merveilleusement ces règles de la prudence domestique. Les jeunes gens en feraient plus volontiers bon marché; du moins était-ce ainsi autrefois, car on prétend qu'aujourd'hui les jeunes calculent aussi bien que les vieux.

Je n'en sais rien ; mais comme il y a deux sagesses, celle qui naît de l'expérience et de l'observation du cours ordinaire des choses, et celle qui puise aux inspirations hardies du cœur et ne connaît que la loi du devoir, je ne voudrais pas décourager les âmes intrépides qui, sachant ce qu'elles font et agissant avec une résolution droite et réfléchie, sacrifient des convenances respectables sans doute, mais non point absolument obligatoires, à l'avantage inappréciable de choisir selon le cœur. Mais j'y mets deux conditions : la première, c'est que ce choix ne vienne pas de la légèreté ni d'une passion basse ; la seconde, c'est qu'on mette autant de courage à supporter les difficultés qu'à les affronter.

3° La troisième espèce d'écueils qui se rencontre dans la vie de famille naît de la diversité et de l'imperfection des caractères. Sans doute il se rencontre des unions parfaites où une singulière harmonie de sentiments et d'humeur entretient une paix constante entre deux âmes nées l'une pour l'autre. Il est aussi malheureusement des unions désastreuses où l'opposition des caractères amène de si tristes déchirements, que la loi elle-même est forcée, non pas de dissoudre, mais de suspendre un lien dont elle avait sanctionné l'éternité. Mais entre ces deux extrémités que je voudrais croire aussi rares l'une que l'autre, se place, à des degrés divers d'intimité, de confiance et de bonheur, la grande majorité des unions. Tous les caractères ayant plus ou moins leurs angles, il est bien difficile qu'un commerce de tous les instants ne donne point lieu à des frottements qui ne seront rien ou qui seront beaucoup, selon la sagesse des hommes. Insister sur le mal, c'est l'envenimer; les piqûres deviennent des blessures, et les blessures deviennent des plaies. Se pardonner l'un à l'autre, se tolérer l'un l'autre est le seul moyen de jouir sans amertume des belles et saines émotions de la vie domestique. Tolérer les travers et les défauts des hommes est un devoir général de charité; mais dans la famille, c'est un rigoureux devoir de prudence : car celui qui ne supporte rien n'est pas lui-même supporté. Ce qui doit nous rendre cette tolérance facile, c'est la pensée que chacun a ses défauts et qu'on n'a pas le droit d'exiger des autres la perfection que l'on ne s'impose pas à soi-même.

Si nous avons réussi à éviter par notre sagesse tous les écueils où viennent échouer tant de familles, serons-nous pour cela parvenus à cette paix sans nuages que nous espérons toujours et que notre nature réclame avec tant d'ardeur? Ce serait compter sans l'inflexible fatalité, parlons plus religieusement, sans les épreuves que Dieu envoie à l'homme pour lui rappeler que sa destinée terrestre est incomplète et qu'il n'habite ici-bas qu'une tente d'un jour. Il y a quelquefois dans les familles des malheurs effroyables qui confondent l'imagination : il y a des privilégiés d'infortunes, tant il est vrai que l'égalité absolue n'est pas de ce monde. Heureusement d'aussi grandes calamités ne sont pas communes. Mais quelque inégalement distribuées que soient les douleurs, nous en avons tous notre part. La douleur, elle est entrée dans la famille le jour où il a été dit à la femme : « Tu enfanteras dans la douleur ; » et depuis les premières inquiétudes que cause aux parents l'existence physique de ces êtres chétifs où la famille essaie de renaître, jusqu'à ces inquiétudes plus vives et plus pressantes qu'inspire l'existence morale du jeune homme ou de la jeune fille aux prises avec les périls du monde, la vie de famille n'est qu'une longue angoisse adoucie seulement par le sourire de l'enfant ou les succès du jeune homme.

Et maintenant, messieurs, la douleur, comme le disaient les écoles de philosophie ancienne, la douleur est-elle un mal? Nous répondrons, comme le stoïcien Posidonius, mais dans un autre sens que lui : Non, la douleur n'est pas un mal. La famille, qui ne vit que d'unité et d'harmonie, tend sans cesse cependant, par l'effet des passions humaines, à se relâcher et à se dissoudre. Pour entrer dans la famille, on n'abandonne pas les passions : le désir de l'indépendance, l'amour du plaisir, beaucoup d'autres encore éloignent insensiblement le mari de la femme et les parents des enfants. La famille est-elle heureuse, elle jouit de ce bonheur sans le goûter, sans le savourer, presque sans le sentir, comme on jouit de la santé dont les malades seuls connaissent bien tout le prix. C'est alors que la famille est en péril : l'homme va à ses affaires, la femme à ses plaisirs, et les enfants sont abandonnés aux soins des gouvernantes et des précepteurs ; alors vient la douleur, et elle vient à propos. Voilà une jeune mère joyeuse, étincelante de luxe et de beauté ; le monde l'attire, le succès l'aveugle : qui ne sait le péril de ces adulations fascinatrices ? elle est frappée ! Voilà un père tout entier aux froids calculs ou aux fiévreuses combinaisons de l'ambition ou de l'amour du lucre ; il abandonne la femme, les enfants, le foyer domestique : il est frappé ! Voilà un ménage qui, avec une parcimonie sordide et sous prétexte de ménager l'avenir d'un unique enfant, lui refuse les choses les plus nécessaires ou les plaisirs les plus innocents : il est frappé ! Par ces coups bienfaisants, par ces blessures heureuses, par ces diversions sanglantes, le sens moral rentre dans la famille, et la vraie destination du ménage apparaît dans sa sévère grandeur. Mais ces coups, dit-on, frappent les innocents comme les coupables. Je réponds : Il n'y a point d'innocents. Sans doute, les douleurs ne se proportionnent pas exactement aux mérites et aux fautes, et c'est là une des plus fortes raisons pour lesquelles la philosophie et la religion promettent à l'homme l'immortalité. Mais la douleur a toujours plus ou moins un sens ; et si elle n'est pas un châtiment, elle est un avertissement. Tous ont besoin de leçons, tous ont besoin de menaces.

Mais j'entends qu'on me dit : Où donc est cette

paix que vous nous promettiez en commençant, où est cette joie que l'on n'obtient que par la famille, que tout le monde cherche dans la famille, et au lieu de laquelle nous ne rencontrons que des embarras inextricables et des douleurs déchirantes ? Messieurs, la paix que donne la famille à ceux qui savent en jouir, n'est, il faut bien le dire, qu'une paix humaine, c'est-à-dire une trêve ; c'est une paix troublée, interrompue, toujours menacée. La vie n'en a pas d'autre à vous offrir. Mais après cette paix passagère et savoureuse qui résulte du premier épanouissement de toutes les forces vives de la nature, il en succède une autre moins riante, sans doute, mais qui n'est pas sans prix : c'est celle qui vient de la patience, de la résignation, du courage en commun et de l'espérance.

J'ai fini ; je vous ai peint la vie de famille sans rien exagérer et sans rien cacher. Je vous en ai raconté les bienfaits, les périls et les épreuves ; et, à côté des aspects riants et séducteurs, je n'ai point craint de faire paraître les aspects sévères et tristes. C'est ainsi qu'il faut peindre toutes les grandes choses. Car elles ne sont pas grandes seulement par ce qu'elles ont de beau et de séduisant, mais encore par ce qu'elles ont d'escarpé et de terrible. Le beau entraîne l'imagination, et le terrible aiguillonne le courage.

J'aurais voulu, en nous séparant, vous laisser sous une impression douce : j'aurais voulu trouver des paroles vives et touchantes pour vous exprimer encore une fois, dans quelques derniers traits, l'image fidèle de cette vie domestique si saine au corps et à l'âme, si fortifiante et si rafraîchissante à la fois, et qui, malgré les traverses dont elle est remplie, est encore, de toutes les situations de la vie, celle qui procure le plus de joie et de sérénité. A défaut de paroles que je ne saurais trouver, laissez-moi emprunter la voix d'un charmant poëte de notre temps, dont j'espère que vous écouterez avec plaisir les vers suivants qui sont peu connus.

> Dans le calme, la paix, les bienveillants discours,
> Huit jours chez ses amis ont passé, mais si courts,
> Si légers, que mon âme alors rassérénée
> Comme ailleurs un instant eût vu fuir une année.
> Là, nul vide rongeur, mais les soins du foyer,
> L'ordre, pour chaque jour un travail régulier,
> Une table modeste et pourtant bien remplie,
> Cette gaîté de cœur qui se livre et s'oublie,
> Autour de soi l'aisance, un parfum de santé
> Et toujours et partout la belle propreté.
> Le soir, le long des blés, cheminer dans la plaine,
> Ou dans la carriole une course lointaine ;
> Enfin, la nuit tombée, un long et pur sommeil,
> Et les bonjours joyeux à l'heure du réveil.

Ami, comme un tissu jadis imprégné d'ambre,
Ici ton souvenir sous les bois, dans ma chambre,
Partout à moi s'attache, et tes félicités,
Mirage gracieux, flottent à mes côtés.
Et voilà que, cédant à cette fantaisie,
J'évoque dans mon cœur la chaste poésie,
Qui dans un vers limpide a soudain reflété
Ta jeune et douce Emma, sa candeur, sa gaité,
Entre sa mère et toi, ton enfant qui se penche,
Et ta charmille en fleur près de ta maison blanche (1).

(1) Brizeux, MARIE, *Bonheur domestique*.

DEUXIÈME LEÇON.

LE CHEF DE FAMILLE. — LE MARI.

Sommaire. — De l'autorité dans la famille. — En faut-il une ? à qui appartient-elle ? — L'homme, chef de la famille par la supériorité de sa force et de sa raison. — Comparaison de la raison de l'homme et de la raison de la femme. — Différence de l'autorité et de la tyrannie. — L'autorité inséparable de la responsabilité. — Devoirs du mari : protection et fidélité. — Le Code et la morale.

Messieurs,

Nous avons dit, dans la dernière leçon, que nous prendrions l'une après l'autre chacune des personnes de la famille pour lui faire sa part, lui prescrire son rôle, lui fixer ses devoirs et ses droits. Or, la première personne qui se présente à nous, c'est naturellement l'homme, le père de famille, ou, pour employer une expression plus générale, le chef de famille. Il y a deux personnes dans le chef de famille : le mari et le père. Nous traiterons aujourd'hui du mari.

Le pouvoir, dans la famille, n'a jamais été, chez aucun peuple, contesté à l'homme. Mais ne serait-ce point là un long préjugé et une usurpation traditionnelle? Le moment n'est-il pas venu de demander ses titres à cette autorité comme à toutes les autres, d'opposer à ce chef incontesté une nouvelle déclaration des droits, enfin d'affranchir, et, comme on le dit, d'émanciper la famille?

D'abord, messieurs, faut-il une autorité dans la famille? Il en faut une, par cette première raison que, dans toute société, une autorité est nécessaire. En effet, les diverses personnes qui composent une société ont chacune leurs idées, leurs sentiments, leurs intérêts divers ; et il est impossible que tous soient toujours d'accord. Qu'arrivera-t-il donc, s'il n'y a point de volonté commune et unique qui fasse la loi? Ou personne n'agira, ou tous agiront en sens contraire. Mais il faut agir : l'inaction entraînerait la ruine de la société. On agira donc, mais en se divisant : or, cela même est déjà la ruine de la société. Dans les deux cas, la société périt, par inertie ou par anarchie. Il faut, par conséquent, une autorité.

Outre ces raisons générales, il y en a de particulières en faveur d'une autorité dans la famille. Une société en général est composée de personnes qui, prises en général, sont égales entre elles. Mais la famille se divise en deux groupes nécessairement inégaux : les parents d'une part, et de l'autre les enfants. Or, quelque amoureux que l'on soit de l'égalité humaine, on ne peut prétendre qu'il doive y avoir égalité de volontés et de voix entre ces deux groupes de personnes. Evidemment les enfants, qui ne peuvent ni se mouvoir eux-mêmes, ni se nourrir eux-mêmes, ni enfin s'instruire eux-mêmes, et qui, de bien longtemps, ne sont pas en état, par leur inexpérience, de diriger leurs propres actions, doivent être d'abord portés et nourris, puis instruits et dirigés par d'autres : et à qui appartient cette charge, et par conséquent ce pouvoir, sinon à ceux qui, les ayant mis au monde, sont évidemment responsables de leur existence?

Par rapport à l'enfant, l'autorité des parents est une, égale, solidaire : il doit également obéir à l'ordre du père et à celui de la mère sans discuter laquelle de ces deux autorités est supérieure à l'autre. C'est à la sagesse des parents de ne pas forcer l'enfant à soulever cette fatale question, et de ne pas mettre son cœur en contradiction avec sa raison.

Mais cette question que l'enfant ne se pose pas, ou qu'il ne se pose que très-tard et en tremblant, la philosophie et la morale doivent se la faire. Car, entre deux personnes, même parfaitement unies, il est difficile, il est impossible de rencontrer une constante uniformité de vues, de sentiments et de volontés. Il faut donc une voix prépondérante qui décide en dernier ressort, il faut qu'entre ces deux personnes investies de l'autorité domestique, l'une des deux ait le privilége de l'autorité suprême.

Or, à quels titres se reconnaîtra cette suprême autorité? Ces titres sont la force et la raison. Évidemment, le pouvoir appartient, dans la famille, à celui qui est assez fort pour la défendre, et assez raisonnable pour la gouverner.

Ce n'est pas que je veuille en aucune façon faire reposer le droit sur la force; mais toute autorité a besoin de force pour accomplir son devoir. Autrement ce n'est qu'une autorité abstraite et impuissante. La force n'est donc pas le principe de l'autorité, mais elle en est la condition.

C'est surtout à l'origine des familles et des sociétés que la supériorité de la force donne à l'homme un grand rôle à remplir, et par là même un pouvoir incontesté : car la famille, mal protégée par la société encore en enfance, n'est guère couverte que par le bras de l'homme; et si l'autorité domestique est si puissante dans les sociétés primitives, c'est qu'elle y tient en grande partie la place de l'autorité politique. Mais, dans nos sociétés civilisées, la famille court en général si peu de périls matériels, que ce rôle de défenseur armé de la famille a dû perdre de son importance : cependant cette idée est encore vivement empreinte dans l'esprit des classes populaires ; et, dans toutes les classes, l'homme sait que c'est sur lui que repose la tâche d'écarter ces périls, s'ils se rencontrent. La femme, héroïque à l'occasion, mais timide par nature et par habitude, a besoin d'un défenseur qui défie pour elle la violence et l'insulte. L'homme est le bras de la famille ; et c'est une considération remarquable que, s'il n'en est point en même temps la tête, il est réduit par là même au rôle de serviteur mercenaire et de soldat obéissant. Celui qui a la force ne peut être que le maître ou l'esclave ; alternative qui n'est pas vraie de la femme : car elle peut ne pas être la souveraine maîtresse, sans être pour cela la servante. Il lui reste un empire à elle et une certaine souveraineté propre, sur laquelle l'homme ne peut empiéter sans injustice et sans ridicule.

La femme reconnaît volontiers à l'homme le privilége de la force ; mais je crains d'affliger une partie de cet auditoire en plaidant encore pour celui-ci le privilége de la raison. Qu'on ne se hâte pas de m'en vouloir ! Je suis bien loin de vouloir contester à la femme le droit de participer comme l'homme lui-même à la raison, qui est l'attribut distinctif de l'espèce humaine ; mais je crois qu'il y a deux espèces de raisons, la raison virile et la raison féminine, que ces deux raisons ont leur emploi divers et leurs qualités propres, et qu'en particulier les qualités propres de la raison virile, sont précisément celles qui ont le plus de rapport avec les attributs du commandement.

Je dis, messieurs, que l'homme a dans l'esprit plus d'étendue, plus de suite, plus d'impartialité que la femme, et que ces trois attributs sont bien ceux qui conviennent à l'exercice de la souveraineté (1).

Le premier attribut de la raison de l'homme, c'est

---

(1) Nous aimons à recueillir le témoignage d'une femme, et d'une femme supérieure, sur cette question délicate : « Toujours, au moins, faudrait-il reconnaître à l'homme plus d'*étendue* dans les facultés, et l'étendue de l'esprit est la mesure de sa force... La *suite* et la profondeur nous manquent quand nous voulons nous appliquer à des questions générales... trop facilement émues pour demeurer *impartiales*, trop mobiles pour nous appesantir, apercevoir nous va mieux qu'observer... » (Mme de Rémusat, *Essai sur l'éducation des femmes*, chap. 1.)

l'étendue. Il connaît plus de choses, et les connaît plus profondément : il a plus l'habitude de comparer et de juger. La femme, au contraire, ne voit guère chaque chose que séparément : chaque impression particulière la touchant toujours d'une manière très-vive, elle n'a, la plupart du temps, que des idées exclusives et incomplètes. L'homme est plus propre aux grandes études ; même lorsqu'il ne sait pas grand'chose, il sait encore plus que la femme dans les mêmes conditions. D'ailleurs, sa vie plus libre, plus répandue au dehors, lui permet d'expérimenter beaucoup plus d'objets, de faits, de rapports, et de se former des principes plus nombreux et plus généraux. Cette supériorité d'aptitude et d'éducation scientifique et pratique assure la supériorité intellectuelle à l'homme : il possède à la fois plus d'idées abstraites, et plus de faits particuliers, et c'est en cela que consiste l'étendue de l'esprit.

En second lieu, l'homme a plus de suite dans les idées, parce qu'il a moins de mobilité dans les impressions, et comme il a plus d'idées générales, il est plus capable de raisonnement. La femme raisonne peu, sa raison est toute de sentiment : à un argument que vous croyez invincible, elle répond par un trait d'imagination ou de passion : si elle entre une fois dans votre pensée, elle ne sait plus s'en affranchir. Le raisonnement l'impatiente ou la domine, et il est aussi facile dans l'occasion de la tromper par un sophisme, qu'il est difficile dans certains cas de la convaincre par un raisonnement droit.

Un écrivain de nos jours disait qu'il n'avait jamais rencontré une femme, même supérieure, qui fût en état de suivre un raisonnement abstrait pendant un quart d'heure ; il y a à cela des exceptions : madame Duchâtelet a fait un Traité d'algèbre ; mais qui n'aimerait mieux être madame de Sévigné écrivant à sa fille que madame Duchâtelet commentant la physique de Newton ? Madame de Longueville, dont un illustre écrivain vient de nous donner la touchante histoire, nous offre un témoignage assez curieux de l'impuissance des femmes les plus distinguées à suivre un raisonnement abstrait. Nicole soutint un jour à madame de Longueville qu'il pouvait lui démontrer qu'il y avait à Paris au moins deux personnes qui avaient le même nombre de cheveux. « Je pose en fait, disait-il, que la tête la plus garnie en cheveux n'en a pas plus de deux cent mille, et que la moins garnie en a au moins un. Si maintenant vous supposez que 200,000 têtes ont toutes un nombre de cheveux différent, il faut qu'elles aient chacune un des nombres de cheveux qui sont depuis 1 jusqu'à 200,000 ; car si l'on supposait qu'il y en avait 2 parmi ces 200,000 têtes qui eussent même nombre de cheveux, j'aurais gagné le pari. Or, supposant que ces 200,000 habitants ont tous un nombre différent de cheveux, si j'y apporte un seul habitant de plus qui ait des cheveux, et qui n'en ait pas plus de 200,000, il faut nécessairement que ce nombre de cheveux, quel qu'il soit, se trouve depuis 1 jusqu'à 200,000, et par conséquent soit égal au nombre de cheveux d'une de ces 200,000 têtes. Or, comme au lieu d'un habitant en sus des 200,000, il y a tout près de 800,000 habitants à Paris, vous voyez bien qu'il faut qu'il y ait beaucoup de têtes égales en nombre de cheveux, quoique je ne les aie pas comptés. » Madame de Longueville ne put jamais comprendre que l'on pût faire une démonstration de cette égalité de cheveux et soutint toujours que la seule voie de la démontrer était de les compter (1).

Enfin, le troisième avantage de l'homme sur la

(1) Voyez Sainte-Beuve, *Portraits de femmes*, I, MADAME DE LONGUEVILLE.

femme, c'est l'impartialité, c'est-à-dire la disposition à juger sans prévention et sans passion. Sans doute, l'homme a ses passions, et je ne dis point qu'il ne se laisse pas égarer par elles : mais il en est d'ordinaire moins dupe que la femme des siennes, ou, si l'on veut, il en est plus volontairement dupe, et il lui est plus difficile de s'aveugler sur la différence de ce qui est vrai en soi et de ce qui ne l'est que par rapport à ses désirs et à ses intérêts. D'ailleurs, s'il a ses passions particulières, il est moins, en général, une créature passionnée : chez lui la raison et la passion se séparent, tandis que chez la femme tout est passion, et la raison elle-même est passion : ses impressions sont plus vives et plus changeantes; elle ne voit la plupart du temps qu'un côté des choses, et surtout celui qui lui convient. Ce n'est pas qu'il n'y ait des exceptions : il y a des hommes si mobiles et si emportés, si peu d'accord avec eux-mêmes, si sensibles au moindre souffle, qu'ils présentent le contraste ridicule des prétentions viriles et d'une âme féminine. Il y a des femmes si tranquilles, si indépendantes de leurs passions ou de celles des autres, d'un jugement si droit et si désintéressé que l'homme le plus ferme pourrait leur envier la rectitude et la solidité de leur esprit ; mais en général, l'homme juge plus par l'esprit et la femme par le cœur.

La raison de l'homme étant donc plus étendue, plus suivie et plus calme que la raison de la femme, est plus propre au gouvernement : car, saisissant mieux les rapports, calculant mieux les suites, et pesant d'une manière plus équitable les avantages et les périls, elle vaut mieux pour prendre ces grandes résolutions d'où dépend toute l'existence d'une famille qu'une raison plus vive et plus fine, mais trop mobile et trop prévenue.

Que devient alors, selon vous, me dira-t-on, le grand et beau principe chrétien de l'égalité des sexes? Mais de quelle égalité veut-on parler? de l'égalité politique? Je ne crois point que les femmes en soient fort jalouses. De l'égalité civile? c'est l'affaire de la loi et du Code, et je laisse aux jurisconsultes le soin de discuter cette question. De l'égalité de commandement? mais celle-là est impossible : car dans une société composée de deux personnes, s'il n'y a point un constant accord, il faut une voix prédominante. Enfin, de l'égalité morale? celle-là est vraie, elle est évidente, elle est la condition d'une famille vraie et heureuse ; mais elle peut se concilier avec l'inégalité du commandement.

4

Le commandement est une fonction nécessaire de la famille : il faut absolument que l'un des deux la remplisse ; c'est une de ces servitudes dont nous parlions dans la dernière leçon ; mais cette supériorité apparente et tout extérieure est suffisamment compensée par cette souveraineté secrète et insensible que la femme exerce par le cœur et dans les mille détails de la vie quotidienne.

Voici comment on peut exprimer le progrès que le christianisme et les lumières des temps modernes ont introduit dans les rapports des deux sexes : l'homme n'est plus le maître de la femme, mais il est, ce qu'il a toujours été et ce qu'il restera toujours, le chef de la famille. La femme n'est ni son esclave ni sa servante, ni sa sujette, mais elle est sa subordonnée dans l'ordre du droit, tout en étant son égale dans l'ordre moral.

D'ailleurs, je suis loin de méconnaître la noble influence qu'une femme d'un esprit ferme et éclairé peut et doit exercer sur la volonté de son mari. Voudrais-je nier cet heureux mélange, cette pondération et cet équilibre d'une raison étendue, profonde, vigoureuse, et d'une raison vive, fine et délicate, d'une raison qui conçoit les grands plans et voit le but, et d'une raison qui saisit les détails et les moyens; d'une raison qui va droit devant elle, et d'une raison qui découvre les tempéraments, les accommodements, les biais heureux et légitimes; d'une raison enfin qui trouve ce qu'il faut faire, et d'une raison qui découvre où et comment il faut le faire?

Il est beau de voir, dans un ménage bien réglé, l'homme et la femme délibérer en commun sur les intérêts de la famille, sans arrière-pensée, sans rivalité de domination, prendre en commun les résolutions sans qu'on puisse dire à qui elles appartiennent et de qui vient l'initiative, et en cas de dissentiment, s'en rapporter naïvement à la voix prépondérante du chef de famille, privilége dont l'un jouit sans orgueil et que l'autre accepte sans humiliation. Mais aussi n'est-ce pas un triste spectacle que de voir la femme, affectant une souveraineté pour laquelle elle n'est pas faite, abaissant l'homme auquel elle a juré obéissance, humiliant ouvertement celui à qui elle a donné sa main et sa personne? et n'est-ce point un spectacle plus triste encore que celui d'une femme qui, par artifice et par ruse, enveloppe l'homme qui l'aime dans les piéges d'une servitude invisible, le captive par le leurre d'une hypocrite condescendance et introduit au cœur de la famille sainte le mensonge et le sophisme?

Mais si l'oppression ouverte ou cachée de l'homme par la femme a quelque chose à la fois de ridicule et de révoltant, l'oppression de la femme par le mari a quelque chose de bas et de cruel : car c'est l'abus de la force contre la faiblesse, contre la faiblesse assez éprouvée déjà par les accidents et les douleurs de la nature et de la famille, pour qu'il soit généreux de lui épargner les injures de la brutalité. Au reste, il y a plusieurs espèces de tyrannie : il y a une tyrannie grossière et odieuse, qui ne craint point d'employer la violence, et qui répand la terreur dans l'asile de la paix et de l'amour; il y a une tyrannie capricieuse, saccadée, bonne à ses heures, mais contradictoire, qui meurtrit l'âme par des blessures toujours nouvelles et ne réussit pas à les guérir par des retours et des repentirs chaque jour plus rares; il y a une tyrannie sèche et froide qui introduit dans le ménage la discipline militaire ; il y a une tyrannie polie et élégante qui, sous de beaux vernis, cache le plus profond égoïsme. Que d'unions en apparence heureuses, où l'homme arrache à la femme des larmes ignorées ! La tyrannie domestique est de toutes les tyrannies la plus odieuse, parce qu'elle est irrémédiable, ou du moins parce que le remède est lui-même un mal extrême et un mal sans remède. Car, que peut une femme contre l'oppression, sinon appeler à son secours la justice publique, traîner devant les tribunaux l'homme dont elle porte le nom, attirer les regards de tous sur les tristes mystères de son intérieur, séparer ses enfants de leur père et se condamner elle-même à un veuvage anticipé, n'étant plus, à vrai dire, ni fille, ni femme, ni veuve, et demeurant à la fois solitaire et enchaînée ?

Mais aujourd'hui la tyrannie n'est pas, il faut le dire, le mal le plus fréquent de la famille; ce mal, c'est l'abandon et l'indifférence.

L'autorité est inséparable de la responsabilité, et le pouvoir repose sur le devoir. Quels sont les devoirs du chef de famille ? Le Code les ramène à deux : la protection et la fidélité.

Si l'homme est le chef de la famille, c'est parce qu'il en est le protecteur naturel ; et son autorité ne serait qu'un privilége insupportable, s'il prétendait l'exercer sans rien faire, et sans rendre à la famille en sécurité ce qu'elle lui paye de respect et d'obéissance.

Mais la protection, dans nos sociétés civilisées, consiste moins à défendre la famille contre de rares attaques, qu'à la faire vivre et à satisfaire ses besoins journaliers. Le travail est l'attribut propre de l'homme dans le ménage : par le travail, l'homme accomplit en même temps son rôle dans la société et son rôle dans la famille : et il y a là une correspondance admirable. Car l'homme, pour entrer dans la famille, n'en reste pas moins membre de la société : il doit participer à sa vie, à ses fonctions, à son progrès : il le fait par le travail. En revanche, ce travail même garantit l'existence de la famille. L'homme est un ouvrier dont la société paye le salaire, et ce salaire, il le rapporte au trésor de la famille : il nourrit sa femme et ses enfants du fruit de ces mêmes efforts auxquels la société doit son mouvement, son progrès, sa civilisation. Le travail, au contraire, n'est pas l'attribut propre de la femme, j'entends le travail au dehors et non ce travail intérieur et domestique qui est le vrai, le noble emploi des facultés féminines. J'admire de tout mon cœur ces belles institutions inventées de nos jours par la charité publique et privée, ces crèches, ces salles d'asile, ces ouvroirs, ces écoles maternelles où une ingénieuse et touchante bienfaisance vient en aide à la mère et lui permet de subvenir pour sa part aux besoins de la famille, en la dispensant du soin des enfants ; mais je ne puis m'empêcher de trouver qu'ici la société se substitue à la famille, et que ces belles institutions ne sont que le remède et peut-être l'encouragement d'un grand mal, l'abandon de la famille, l'indifférence maternelle, mal dont les conséquences peuvent être plus considérables qu'on ne l'imagine.

Le travail est donc le premier devoir de l'homme comme chef de famille. Cela est vrai de toutes les classes de la société, tout aussi bien de celles qui vivent de leurs revenus que de celles qui vivent de leur travail : car les uns ont à se rendre dignes de la fortune qu'ils ont reçue, par de nobles occupations ou au moins de la conserver et de la faire fructifier par une habile administration ; et les autres ont, je ne dis pas une fortune à acquérir, but trop rarement atteint, mais ils ont devant eux un objet bien plus pressant, celui de faire vivre tous ceux qui reposent sous leur tutelle.

C'est un beau spectacle de voir dans une chambre modeste et nue l'homme du peuple rapporter à la famille le pain gagné à la sueur de son front, s'éloigner des tentations de plaisir, qui consument tant de ménages, et donner au riche des leçons de paix et de bonheur. Mais si ces deniers chèrement achetés et à peine suffisants à l'entretien d'une famille dans la gêne, si ce pain de famille impatiemment attendu, l'homme le dévore dans le désordre et l'inconduite, si, ce qui est plus horrible encore, il dévore le fruit des veilles de sa femme, veilles qui, selon la nature, eussent dû être employées à un autre usage, l'homme, en se ravalant ainsi au rôle d'un parasite spoliateur, n'appelle-t-il pas légitimement sur sa tête la peine de la déchéance ?

Le Code ne demande pas beaucoup plus au mari que de ne pas refuser la nourriture à la femme et de ne pas la maltraiter ouvertement : voilà ce que le Code entend par la protection. La morale est plus exigeante. Il y a une protection morale, toute de cœur, bien plus difficile et non moins nécessaire, une direction heureuse du plus faible par le plus fort, une sollicitude vigilante qui écarte de l'esprit d'une femme et de son cœur tous les périls dont la menacent une expérience incomplète, une éducation trop souvent superficielle, et enfin les plaisirs et les séductions du monde : il faut que l'homme prenne sur lui de poursuivre et de compléter l'éducation de sa compagne, de l'élever peu à peu du cercle d'idées ou frivoles ou vulgaires ou erronées qu'elle apporte trop souvent en dot à des idées plus saines et plus fermes qui sont l'honneur de la raison virile, du moins chez les hommes qui, après avoir recueilli avec docilité et intelligence les fruits de leur première éducation, s'en sont fait ensuite une seconde par le double travail de la méditation et de l'expérience.

Que l'on ne prenne point cette idée pour une prétention romanesque : elle est au contraire toute pratique et résulte naturellement de la condition respective des époux. N'oublions pas en effet d'abord que l'homme, soit par nature, soit par éducation, possède une raison plus étendue et plus forte que celle de la femme; en second lieu, l'homme est d'ordinaire plus âgé que sa femme et sa raison est par conséquent plus ferme et plus mûre; enfin, il est très-rare que l'homme passe immédiatement de la situation de fils de famille à celle de père de famille; dans l'intervalle il essaye de la vie libre pendant un temps plus ou moins long : livré à lui-même, il commence à connaître les hommes, les choses, les affaires, il étend son expérience, et il apporte ainsi en ménage une sagesse pratique bien plus exercée en général que celle de la jeune fille même douée des dispositions les plus heureuses. Ne sont-ce pas là des raisons décisives, qui non-seulement doivent encourager le mari, mais l'obliger même impérieusement à diminuer peu à peu la distance qui sépare ses propres idées de celles de sa femme, et à combler l'abîme que l'usage a laissé s'établir dans la culture intellectuelle des deux sexes.

Voyez les inconvénients qui résultent d'une trop grande séparation sur des choses d'une telle importance. L'homme de plus en plus à ses affaires, à ses idées, à ses systèmes, la femme de plus en plus asservie aux nécessités du ménage ou divertie par la frivolité des plaisirs mondains ; l'homme réservant toute une part de lui-même et la plus haute, sa raison, la femme abandonnée sans direction à la vanité, ou à la médiocrité, ou aux prétentions mal réglées d'une ambition impuissante : est-ce là cette union domestique, cette véritable intimité, qui ne consiste pas seulement dans l'habitation en commun, mais dans un partage égal, ou plutôt dans une jouissance indivise des biens de l'esprit, comme des biens de la fortune?

Et que l'homme ne craigne pas de rencontrer de la résistance dans le cœur de la femme : qu'il ne craigne pas qu'un esprit d'indépendance et un vaniteux égoïsme repoussent comme une insulte cette entreprise en quelque sorte paternelle. Il y a dans la femme, au moment où elle entre dans la famille, une disposition irrésistible au respect envers le mari.

La solennité de l'engagement, son caractère religieux, la gravité des paroles prononcées, tout impose le respect, et il faudrait une précocité bien déplorable pour que la jeune fille quittant la maison maternelle, et entrant dans une maison nouvelle, n'éprouvât pas quelques sentiments de respectueuse terreur pour les grands engagements qu'elle vient de contracter. C'est là que le mari peut et doit prendre son point d'appui, et, sans affecter une raison pédantesque, mais par les chemins que son tact et son amour lui sauront faire trouver, introduire insensiblement dans cette âme vive et ouverte les idées qui lui paraîtront les plus utiles et les plus saines : que si certaines velléités de révolte féminine et d'usurpation artificieuse, venues en droite ligne de notre première mère et à peine aperçues de celle même qui les éprouve, paraissent de temps en temps opposer quelque obstacle à ce travail d'éducation conjugale, il ne sera pas difficile à une parole pénétrante et sérieuse de les écarter : car la femme si peu docile à l'autorité, quand elle s'impose comme un ordre, est singulièrement sensible à une parole de raison qui part de l'âme et qui est appuyée par la dignité du caractère.

Mais cette entreprise noble et délicate impose au mari des conditions bien difficiles et bien rares.

Il ne suffit pas d'un amour léger et frivole qui s'amuse de l'ignorance d'une jeune femme et prend à tâche d'éveiller ses désirs plutôt que ses sentiments et ses idées : il ne suffit pas d'une passion exagérée qui, oubliant la gravité du mariage, semble y chercher ces plaisirs inquiets que l'on ne rencontre d'ordinaire que dans des liens moins réguliers. Il ne suffit pas non plus d'une raison trop froide et trop nue qui n'a pas de prise sur l'imagination, et ne sait pas se rendre aimable et touchante. Il faut beaucoup de raison, mais beaucoup d'amour et un amour respectueux. Il faut surtout une âme encore jeune et un cœur encore pur. Nous touchons ici, messieurs, à l'un des maux corrupteurs de l'union domestique : le désaccord et la contradiction d'une âme fraîche et d'une âme desséchée, d'un cœur avide d'exquises émotions et d'un cœur glacé par l'abus, d'une inexpérience pleine de charme et d'une expérience de vieillard rassasié et ennuyé. On évite avec soin la disproportion des âges, et l'on a raison ; mais l'âge ne se compte pas seulement par les années, il doit se compter aussi par le cœur : je ne veux pas dire qu'il faille marier l'enfance avec l'enfance, l'ignorance avec l'ignorance, car c'est là un autre péril. Mais je dis : Où trouverez-vous la force, la souplesse, la tendresse nécessaires pour amener la femme à supporter cette nouvelle éducation, pour lui faire aimer vos idées plus que les siennes, pour imposer silence à son amour-propre et désarmer son indocilité; où apprendrez-vous à transformer le cœur et la raison d'une enfant selon les vœux d'une sagesse fière et délicate, et à lui adoucir cette initiation qui se ferait sûrement sans vous un jour ou l'autre, mais par des épreuves que vous pouvez, que vous devez éviter? Où puiserez-vous la richesse de ressources indispensable pour aplanir les aspérités d'une si belle entreprise, vous qui n'apportez à la famille qu'une imagination éteinte et les restes d'un cœur épuisé, vous qui consumez dans les plaisirs faciles les forces vives de la belle jeunesse, vous qui vendez à vil prix, je ne dis pas seulement votre propre bonheur, vous en êtes bien le maître, mais le bonheur futur, que dis-je? l'honneur peut-être du foyer domestique?

Le second devoir imposé par le Code, c'est le devoir de la fidélité. Mais il faut avouer que sur ce point le Code ne se montre pas trop exigeant. La morale est plus sévère, elle n'impose pas seulement au mari la fidélité dans le domicile conjugal, mais au dehors, mais partout, et elle ne demande pas seulement la fidélité des actes, mais celle des pensées et des sentiments. Elle n'autorise pas ce partage que l'homme se croit quelquefois permis : au dedans l'affection tranquille, solide, cordiale ; au dehors le caprice et le plaisir. Elle ne permet pas même un tel partage dans l'imagination, et elle paye de douleurs cuisantes la pensée de partager sa vie entre le devoir et la passion.

Il ne faut point apprécier le devoir de la fidélité pour le mari, en se plaçant au point de vue du Code ; il est bien plus sévère pour la femme que pour le mari, mais par des raisons qui n'ont rien à voir avec la morale : le Code est le défenseur du droit, et les fautes de la femme peuvent avoir de graves conséquences pour le droit domestique : il n'en est pas de même des fautes de l'homme, et quand il n'y a point une injure ouverte, le législateur considère le désordre du mari comme une affaire privée qui ne regarde pas la loi. Mais si l'on juge des actes, non par les conséquences, mais par les principes, on verra que l'infidélité du mari n'est pas moins coupable que celle de la femme, et que souvent même il est plus difficile de lui trouver des excuses.

Il ne faut pas croire enfin avoir satisfait à toutes les obligations par une stricte fidélité : la fidélité sans complaisance, sans indulgence, sans bonté, n'est qu'une vertu froide et négative, qui n'ajoute pas beaucoup au bonheur d'un ménage : ce qu'il faut encore, c'est l'assiduité, la sollicitude, la douce familiarité, ces soins enfin qui attestent à la femme qu'elle n'a pas seulement un maître, mais un ami tendre et respectueux. La famille a un grand ennemi, qu'il appartient à l'homme de savoir combattre : c'est le monde. Le monde offre à la femme l'appât d'une apparente souveraineté; il l'enlace de ses adulations et de ses prestiges; il l'attire insensiblement hors de la famille ; à côté du tumulte et du luxe de ses fêtes, l'intérieur paraît vide, la régularité de la vie paraît monotone, la simplicité des plaisirs domestiques paraît fade. C'est à l'homme à reconnaître les premiers symptômes de cette contagion, et à rendre impuissantes les séductions du monde, en faisant à la femme un intérieur doux et aimable. Mais s'il abandonne la famille, surprendra-t-il les premières atteintes du mal, saura-t-il les prévenir à temps? froid et maussade, devinera-t-il ce qui peut se passer dans un cœur qu'il se sera fermé lui-même, et qu'il aura abandonné à ses propres forces? sans confiance point d'empire, et sans dévouement point de confiance. L'autorité ne peut rien contre les secrètes révoltes de la vanité, les fumées de l'imagination oisive, et les entraînements de l'exemple.

Sans doute il serait injuste et ridicule d'exiger de l'homme une assiduité de tous les instants inconciliable avec ses intérêts, ses travaux, ses devoirs, même ses devoirs de père de famille, et une femme n'est point excusable qui trouve dans la vie sérieuse et occupée de son mari un prétexte de plainte, comme s'il l'eût épousée pour passer sa vie à ses pieds. Mais l'homme à son tour n'est point excusable, lorsque après ses affaires, il lui faut d'autres distractions que celles de la maison et de la famille, lorsqu'il rapporte au logis l'ennui, la gronderie, la froideur, et ne sait présenter un visage souriant qu'à ceux qui viennent interrompre son intimité.

Il faut éviter sans doute ces trop faciles récriminations qui font retomber sur le mari toutes les fautes de la femme. Mais, je le demande, est-ce à l'homme qui a joui de la liberté avant le mariage, qui a pu prolonger cette liberté tant qu'il lui plaisait, qui a été libre de choisir, et qui avec plus d'expérience court moins de risques de se tromper dans le choix, est-ce à lui de se plaindre du poids de la vie domestique, et de faire payer la peine de son ennui à celle qu'assiégent les soucis et les douleurs de la maternité ? Et que doit-il arriver d'une âme candide qui, ayant espéré de trouver dans le mariage un ami, un protecteur, un consolateur, se voit abandonnée, méprisée, trahie, et livrée sans défense au ressentiment, à l'ennui, à tous les périls d'une imagination désenchantée ?

L'homme ne doit point l'oublier : il est la pierre angulaire de la famille, il peut lui faire à la fois beaucoup de bien et beaucoup de mal ; il n'est pas seul responsable : mais c'est lui qui l'est le plus. Et cependant la famille paraît une chose bien facile, à laquelle on se croit toujours assez prêt : on se marie par ennui, par satiété, par intérêt, par ambition, par habitude; mais combien, en prenant cette résolution, se sont avisés de se demander : Suis-je digne de diriger une femme et d'élever un enfant ? combien peu ont réfléchi sur les conditions d'une union heureuse ou sur les désastres d'une union mal réglée !

Je ne veux pas, encore une fois, donner les mains à cette opinion trop répandue aujourd'hui qui tend à décharger chacun de sa part de responsabilité morale pour la rejeter sur les autres. C'est ainsi que l'on dit : Cet homme est vicieux, c'est la faute de la société ; cette femme est coupable, c'est la faute de son mari ; cet enfant est mal élevé, c'est la faute de ses professeurs. De cette façon il n'y a plus de coupable ; ou plutôt, de coupable en coupable, car chacun se débarrasse à son tour de cette responsabilité communiquée, j'arrive à ne plus trouver qu'un seul coupable, c'est l'Auteur de l'univers. Non, je ne porterai point atteinte à ce grand principe fondamental et tutélaire de la morale, le principe de la responsabilité personnelle. Mais il ne faut pourtant point oublier que la société, comme le disait un philosophe ancien, est une maçonnerie dont toutes les pierres se correspondent et s'appuient les unes sur les autres ; et, s'il importe que nous ne soyons pas assez faibles pour rejeter sans cesse sur autrui la responsabilité de nos propres fautes, il importe que nous soyons assez justes pour prendre souvent nous-mêmes la responsabilité des fautes d'autrui.

TROISIÈME LEÇON.

LA MAITRESSE DE MAISON. — LA FEMME.

Sommaire. — Du ménage. Sa moralité et sa poésie. — Des domestiques. — La femme, compagne d'esprit de l'homme, sa confidente, sa conseillère. — La femme consolatrice. — L'adversité, triomphe de la femme. — La femme purifiant la famille. — De la résignation. — De la passion.

Messieurs,

J'ai parlé dans la dernière leçon du chef de famille et du mari ; je traiterai aujourd'hui du rôle de la femme dans la famille comme maîtresse de maison et comme compagne de l'homme. Je réserve, pour vous en parler à la fois, le père et la mère dans leurs rapports avec les enfants.

Si l'homme a la souveraineté dans la famille, s'il a la surveillance générale et la grande direction, il est un empire circonscrit sans doute, mais infini dans le détail et de grande conséquence pour le bonheur de la famille, où la femme exerce l'autorité immédiate et presque l'autorité absolue. Cet empire, je ne veux pas en dissimuler le nom, c'est le ménage.

Il y a plusieurs manières de comprendre le ménage : on peut n'y voir qu'une occupation basse et grossière, indigne des soins de la femme et qu'il faut laisser aux servantes ; ou bien une nécessité humiliante à laquelle la femme doit se soumettre, puisqu'elle ne peut faire autrement ; ou un devoir, mais un devoir triste, froid, ennuyeux ; ou enfin, encore un devoir, mais un devoir que l'on accomplit avec goût, avec intérêt, avec passion.

De ces différentes opinions, laquelle est la véritable ? La première est évidemment absurde. Il faut une administration domestique : l'intérêt de la famille l'exige impérieusement. Il importe peu que les grands intérêts de la famille soient protégés au dehors par le mari, si au dedans le désordre règne dans le détail et dans la dépense. Mais à qui appartient-il de s'occuper de ces soins intérieurs ? Ce n'est pas à l'homme sans doute : il a bien assez du travail du dehors, et de la surveillance générale, sans être encore accablé des mille détails de la vie de chaque jour. D'ailleurs, il n'y est pas propre, et il ne pourrait y devenir apte et entendu qu'au détriment de facultés plus importantes : enfin si le ménage est au-dessous de la femme, à plus forte raison est-il au-dessous de l'homme. Le ménage n'est donc pas la fonction de l'homme; et alors, s'il n'est pas celle de la femme, à qui appartient-il ? Je n'ai pas besoin de dire que ce n'est pas aux enfants : restent les domestiques. Mais se fiera-t-on à l'intelligence, à l'intérêt, à l'honnêteté d'un domestique, pour le salut de la famille ? est-ce pour la livrer à un tel hasard que l'homme a consacré sa vie à la femme, et que l'un et l'autre ont donné la vie à leurs enfants ?

Le ménage est donc une nécessité pour la femme; mais est-ce une nécessité humiliante, un joug servile qu'elle n'accepte que par l'impuissance de s'en affranchir ? ce joug, c'est elle-même qui le rendrait servile, en le subissant comme une contrainte; c'est elle-même qui se ferait servante, en prenant les soins du ménage sans y attacher d'autre idée que celle des servantes, et en payant par des soins tout matériels la subsistance ou la sécurité que lui procure son mari. Ainsi l'humiliation qu'elle trouve dans le ménage est tout à fait volontaire. D'ailleurs, si le ménage est une nécessité pour la femme, il est pour elle un devoir : car chacun est tenu à faire ce que nul ne peut faire à sa place; et la nécessité en se transformant en devoir perd ce qu'elle a de désagréable pour l'amour-propre, et de révoltant pour la fierté : ce n'est plus une loi brutale à laquelle on cède malgré soi, parce qu'on ne peut faire autrement ; c'est une loi raisonnable à laquelle on obéit parce qu'elle est raisonnable.

Le ménage est donc un devoir ; mais est-ce un devoir qu'il faut simplement remplir sans s'inquiéter de le remplir avec charme, avec plaisir, avec joie ? En général, le devoir sans plaisir est-il bien rempli ? Lorsqu'on ne cherche pas à faire plus que son devoir, fait-on bien tout son devoir ? et fait-on plus que son devoir, sans passion et sans amour ? Il est des moralistes austères qui ont soutenu cette doctrine, que c'est compromettre et altérer le devoir que d'y mêler le moindre plaisir, même le plaisir de faire son devoir. Le philosophe allemand Kant soutenait cette opinion : son compatriote Schiller le critiqua finement dans cette jolie épigramme : « J'ai du plaisir à faire du bien à mon voisin, cela m'inquiète. » Aristote, qui était un bien grand moraliste, a défini l'homme vertueux celui qui prend plaisir à faire des actes de vertu. Cette belle définition pourrait facilement se justifier en théorie ; en pratique elle est incontestable. Le ménage doit donc être pour la femme un devoir agréable, elle doit s'y plaire, s'y livrer avec sérieux et enjouement ; elle y est admirablement propre ; son esprit ami des détails, peu fait pour les idées abstraites, se déploie et se joue heureusement dans les mille soins de l'administration intérieure. Qu'elle ne croie point d'ailleurs que le ménage ne puisse donner l'occasion de vertus hautes, nobles ou délicates. L'économie, par exemple, est une vertu bien humble et bien commune : on ne se vante guère de l'avoir, on se vante souvent de ne l'avoir pas : et cependant, si par l'économie la femme épargne le travail et les jours de son mari et réserve après elle un morceau de pain à ses enfants, si par l'économie elle sauve la considération de sa famille, et, sans chercher à éblouir les yeux par un éclat emprunté qui ne cache point l'indigence, elle commande le respect par une dignité modeste et une fière simplicité, cette vertu que l'on traite de prosaïque ne peut-elle pas être appelée à bon droit une vertu héroïque dans un temps où elle est si difficile à pratiquer et dans une société consumée par les rivalités du luxe et l'insatiable besoin de paraître ?

L'ordre, la règle, est une vertu bien froide et bien peu attachante : et cependant, l'ordre dans le ménage, c'est déjà l'ordre dans les pensées, dans les sentiments, ce n'est point tout le bonheur, mais c'est une partie du bonheur, ce n'est point la sagesse, mais c'est une des conditions de la sagesse. Pour un observateur exercé l'ordre dans la vie extérieure est d'ordinaire le symptôme d'un ordre plus parfait et plus important ; et une famille bien réglée est le plus souvent une famille unie et pacifique.

D'ailleurs, ce ne sont point seulement les qualités solides et les vertus raisonnables que la femme trouve à déployer dans l'intérieur du ménage : elle peut y introduire ce qui est sa nature même, le goût, la grâce et l'élégance. L'élégance et le ménage, voilà deux mots qui paraissent ennemis ; ils ne le sont que pour ceux qui séparent toutes choses, qui ne voient point l'invisible derrière le visible, et ignorent le secret rapport des choses de la matière aux choses de l'esprit. Tout s'anime, se vivifie, se colore sous le souffle d'un sentiment. Il peut y avoir dans les plus humbles soins de la vie intérieure un art de dissimuler ce qui ne plaît point aux yeux, un art de disposer et de choisir sans luxe, sans grands frais, mais de manière à plaire au goût et à l'imagination. La plus modeste fille du peuple a une fleur sur sa fenêtre : n'est-ce point une preuve que la vie peut être ornée dans toutes les conditions ? L'élégance de la vie n'a rien qui soit contraire à la morale, quand elle n'est point disproportionnée avec les moyens que nous donne la fortune. Est-ce que la nature n'est pas élégante? est-ce qu'elle n'a pas donné aux plus humbles objets une parure plus splendide que celle de Salomon dans sa gloire? Le ménage a donc son élégance, sa beauté, sa poésie même. Le grand poëte de l'Allemagne le savait bien, lui qui dans son roman de *Werther*, voulant introduire sur la scène une charmante héroïne, n'a pas craint de choisir l'une des scènes les plus naïves de la vie de ménage, et de nous la montrer distribuant à ses jeunes frères des tartines de beurre. La poésie n'est ni si loin ni si haut que nous l'ont dit nos rêveurs : elle est ici, elle est là, elle est partout, et surtout dans les choses simples. Le coin du feu, la table ronde, le repas du soir, la toilette de l'enfant, voilà la poésie de la famille. Heureux celui qui sait goûter le pur amour de ces choses et qui ne croit pas qu'il est nécessaire d'avoir la fièvre pour jouir de la vie !

Fénelon, dans son admirable Traité de l'éducation des filles, emprunte à l'Écriture un portrait de la femme forte, de la ménagère prudente et laborieuse, que vous entendrez avec plaisir et qui exprime dans un langage figuré et avec des paroles magnifiques les vérités que j'ai essayé de vous faire sentir : « Son prix est comme celui de ce qui vient de loin et des extrémités de la terre. Le cœur de son époux se confie à elle, elle ne manque jamais des dépouilles qu'il lui rapporte de ses victoires ; tous les jours de sa vie elle lui fait du bien et jamais de mal. Elle cherche la laine et le lin ; elle travaille avec des mains pleines de sagesse. Chargée comme un vaisseau marchand, elle porte de loin ses provisions. La nuit elle se lève et distribue la nourriture à ses domestiques. Elle considère un champ, et l'achète de son travail, fruit de ses mains ; elle plante une vigne. Elle ceint ses reins de force, elle endurcit son bras. Elle a goûté et vu combien son commerce est utile : sa lumière ne s'éteint jamais pendant la nuit. Sa main s'attache aux travaux rudes, et ses doigts prennent le fuseau. Elle ouvre pourtant sa main à celui qui est dans l'indigence, elle s'étend sur le pauvre. Elle ne craint ni froid ni neige ; tous ses domestiques ont de doubles habits : elle a tissé une robe pour elle : le fin lin et la pourpre sont ses vêtements. Son époux est illustre aux portes, c'est-à-dire dans les conseils, où il est assis avec les hommes les plus vénérables ; elle fait des habits qu'elle vend, des ceintures qu'elle débite aux Chananéens.

La force et la beauté sont ses vêtements, et elle rira dans son dernier jour. Elle ouvre sa bouche à la sagesse, et une loi de douceur est sur sa langue. Elle observe dans sa maison jusqu'aux traces des pas, et elle ne mange jamais son pain sans occupation. Ses enfants se sont élevés, et l'ont dite heureuse ; son mari s'élève de même, et il la loue : Plusieurs filles, dit-il, ont amassé des richesses, vous les avez toutes surpassées. Les grâces sont trompeuses, la beauté est vaine : la femme qui craint Dieu, c'est elle qui sera louée. Donnez-lui des fruits de ses mains ; et qu'aux portes, dans les conseils publics, elle soit louée par ses propres œuvres (1). »

Une des parties-les plus importantes de l'administration intérieure, c'est le gouvernement des domestiques : fonction délicate, sérieuse, digne de toutes les réflexions d'une femme éclairée. Elle se compose de deux choses : le choix et la direction. On sent assez de quelle importance est pour une maison le choix des domestiques : comme ce sont eux qui, en dernier compte, traitent au dehors et font la dépense, le trésor de la maison est en quel-

(1) Proverb., XXXI.

que sorte entre leurs mains. Sans doute de grandes malversations ne leur sont guère possibles : mais une suite de petites infidélités ou de petites négligences peut porter à la longue des atteintes assez graves à un budget modeste et strictement suffisant. Mais ce n'est là qu'un des moindres côtés de l'influence des serviteurs dans un ménage ; le point le plus grave, c'est leur familiarité avec les enfants ; les enfants en général aiment les domestiques, sans doute parce que ceux-ci sont d'ordinaire plus complaisants que les parents : or, sans abandonner en aucune façon les enfants, il est impossible qu'une mère de famille n'ait pas souvent besoin de se faire suppléer ou remplacer par des servantes ; et il serait ridicule d'ailleurs et dangereux d'inspirer aux enfants nos fausses idées d'orgueil, et de leur interdire la familiarité que leur nature candide et naïve montre à tous ceux qui les amusent, quel que soit leur costume. Les domestiques prennent ainsi une place importante dans la famille, et c'est là surtout qu'il importe de s'assurer de leurs soins, de leur fidélité, de leur honnêteté. Quelles garanties ne devons-nous pas exiger des personnes auxquelles nous confions, ne fût-ce qu'une minute, le corps et l'âme de nos enfants !

Le choix des domestiques appelle donc particulièrement la pénétration d'une maîtresse de maison. Mais il ne sert de rien de bien choisir ou de bien rencontrer, si l'on ignore l'art de diriger et de gouverner. C'est un art très-difficile, et qui est loin d'être commun : il consiste en un milieu juste entre l'indifférence et la persécution. La maîtresse de maison doit sans doute avoir l'œil toujours ouvert ; mais elle doit savoir aussi qu'aucune créature n'apprend à bien faire, si on ne la laisse agir avec une certaine liberté. Surveillance et confiance, tels sont les deux principes d'un sage gouvernement domestique. Sans la première, on est trompé ; sans la seconde, on se trompe soi-même, en privant le serviteur du ressort le plus énergique de l'activité humaine, la responsabilité et l'honneur.

Mais quelque sagesse qu'une maîtresse de maison apporte dans le choix et la direction des domestiques, il est un principe qu'elle ne doit point oublier, c'est que ces personnes, malgré l'humilité de leur condition, sont des créatures humaines et raisonnables qui doivent être traitées avec bienveillance et respect. Rien de plus injuste que certaines femmes : elles ne veulent pas supporter que les domestiques aient des défauts ; elles ne veulent pas même comprendre que l'infériorité d'éducation soit déjà une source d'idées fausses qui doivent avoir leurs conséquences dans le caractère. Il semble que les qualités des domestiques soient une dette dont on reçoit le payement sans en savoir gré, et leurs défauts, un déficit dont ils nous font tort, et qu'on a le droit de leur reprocher sans cesse comme une injustice. Il semble aussi que le travail de la domesticité soit une chose facile : comme rien n'est plus aisé que d'avoir des fantaisies, on trouve que rien ne doit être plus aisé que de les deviner et de les satisfaire. C'est une grande erreur ; et pour s'en convaincre, il suffit de se demander à soi-même si l'on accomplit scrupuleusement et minutieusement toutes ses obligations. Il est vrai que souvent ces femmes si difficiles sont des femmes oisives : elles n'en devraient avoir que plus d'indulgence pour des créatures vouées au travail et condamnées à la douloureuse nécessité de servir les autres.

Il faut avouer que notre nouvel état social n'a pas été très-favorable à la condition des domestiques. Autrefois le domestique n'était pas très-éloigné du vassal, et à l'origine, il n'était que le vassal lui-même. Mais en revanche, il était un membre de la famille : il dînait à la table des maîtres, et prenait part aux veillées. Depuis que le domestique est devenu homme libre, sa place est à la cuisine et à l'antichambre : il ne fait plus partie de la maison : une lutte sourde semble exister entre les domestiques et les maîtres : ceux-ci sont orgueilleux, et ceux-là infidèles : entre eux rien d'onctueux et de paternel ; de froids engagements aussi facilement rompus que formés, un service exact, mais sans dévouement, de la politesse sans affection, et une profonde indifférence de part et d'autre, voilà la domesticité de nos jours. Or, c'est là un état funeste pour la maison, pour les enfants, pour les domestiques eux-mêmes. Ceux-ci se corrompent par ces perpétuels changements : passant de famille en famille, ils n'ont pas de famille ; mariés, ils se séparent et servent dans des maisons différentes ; ils éloignent même leurs enfants pour ne pas gêner : aussi leur principal but, quand ils sont sages, est-il d'amasser le plus tôt possible de quoi se retirer du service et se faire à eux-mêmes une maison : ambition très-louable sans doute, mais qui coûte cher aux maîtres. C'est à la femme de rattacher le serviteur à la maison par la confiance, la bienveillance, une certaine indulgence, à s'assurer la fidélité et la discrétion par une conduite ferme et douce : en agissant ainsi, elle fera beaucoup pour le bonheur du ménage, pour la tranquillité du mari, pour l'innocence des enfants, pour l'amélioration même des domestiques dont elle a jusqu'à un certain point la responsabilité. Alors renaîtrait quelque chose de ces anciennes maisons patriarcales où le père et la mère de famille traitaient les domestiques presque comme leurs enfants, leur donnaient une éducation religieuse et morale, et leur assuraient quelque coin de terre pour leurs derniers jours ; alors on reverrait ces vieux serviteurs, débris d'un temps qui n'est plus, hôtes inséparables du foyer, et qui, passant de génération en génération, berçaient encore les fils de ceux dont ils avaient servi les pères !

Le ménage est donc pour la femme une belle et grande occupation. Je ne veux pourtant point enchaîner la femme au ménage : qu'elle le prenne comme un devoir et comme un plaisir, rien de mieux ; mais que ce plaisir ne dégénère pas en manie ; qu'elle soit la maîtresse, et non la servante de la maison ; qu'elle ne soit pas seulement la ménagère de l'homme, mais encore sa compagne d'esprit. L'homme fatigué, importuné, rentre au logis pour y chercher le délassement. Il ne lui faut pas seulement un intérieur bien réglé, ni même un intérieur orné, il lui faut encore un esprit orné. La femme ne doit pas oublier qu'elle est la joie, le charme, la récréation de la famille : le grand principe de la politique domestique est de faire que son intérieur paraisse au mari plus agréable que celui des autres. L'agrément est donc en quelque sorte un des devoirs de la femme. Lors même que l'agrément n'aurait par lui-même aucun mérite et ajouterait peu de chose à la valeur de celui qui le possède, il aurait encore un grand prix par l'influence qu'il exerce sur le bonheur des autres. Or, ce qui répand le plus de charme sur l'intimité dans un ménage, c'est la culture de l'esprit (1). L'intimité, qui a tant de charme, a cependant ses moments de langueur et de sécheresse : les plus grands sentiments, la piété même ont de telles langueurs, à plus forte raison les sentiments humains. L'intimité est indiscrète, elle trahit les défauts et les travers de chacun. Ce qui comble le mieux les moments de vide et d'ennui, ce qui dissimule le mieux les défauts réciproques, ce qui adoucit et rapproche les hu-

(1) « Un esprit cultivé, dit J. J. Rousseau, rend seul le commerce agréable, et c'est une triste chose pour un père de famille, qui se plaît dans sa maison, d'être forcé de s'y renfermer avec lui-même et de ne pouvoir s'y faire entendre à personne. »

mœurs, apaise ou prévient une querelle, épargne à l'un la honte de revenir, à l'autre l'embarras de pardonner, c'est un certain goût commun des choses de l'art et de l'esprit : un peu de musique, un album feuilleté ensemble, une lecture faite en commun et un entretien intelligent sur ce qu'on lit sont de belles et heureuses distractions qui enlèvent pour quelque temps le mari et la femme au tracas des affaires, aux soucis de la famille, à la clairvoyance dangereuse de l'intimité. Je ne dis point que la femme doive chercher à avoir plus d'esprit que la nature ne lui en a donné, le simple naturel vaudra toujours mieux qu'une sottise prétentieuse ; mais je veux qu'elle cultive l'esprit qu'elle a. Je ne lui demande pas non plus des connaissances profondes et spéciales, mais une disposition générale à comprendre et à admirer : qu'elle ne fasse pas la différence, si l'on veut, des ordres et des styles de l'architecture, qu'elle ne connaisse pas l'histoire des diverses écoles de peinture, ou qu'elle ne prenne point parti pour telle ou telle théorie littéraire, je le veux bien ; mais qu'elle ne reste pas insensible devant un grand monument ou un beau tableau ; qu'elle puisse lire madame de Sévigné sans s'ennuyer, et écouter une tragédie de Racine sans s'endormir.

Nous disions dans la dernière leçon que le mari doit se faire l'instituteur de sa femme, et l'initier à une raison plus forte et plus saine que celle qu'elle doit d'ordinaire à l'éducation. Mais la femme peut à son tour prendre sa revanche et achever également à sa manière l'éducation de l'homme : elle peut quelquefois lui ôter de sa rudesse, l'éloigner de certaines habitudes basses ou communes, polir enfin ses manières et le rendre plus digne de la société des hommes ; sans même supposer une telle inégalité d'éducation entre le mari et la femme, il n'est pas d'homme, si cultivés que soient son esprit et son goût, qui n'ait quelque chose à apprendre de la femme pour la délicatesse des sentiments. C'est là un juste retour de ce que le mari croit pouvoir exiger de son côté en faveur de la solidité des idées et de la rectitude des jugements.

Mais venons à des vertus plus hautes et plus difficiles. Quoique l'homme ait la grande direction de la famille et la souveraineté absolue dans les affaires extérieures, ce n'est pas à dire que la femme doive être privée de toute participation à la vie active de son mari : elle doit connaître ses affaires, les comprendre, s'y intéresser ; elle doit être en état de donner son avis ; c'est à elle à avertir, à retenir, à encourager selon l'occasion. « Une épouse, dit madame de Rémusat (1), doit se complaire dans la conversation d'un mari occupé des affaires publiques. Elle peut avoir d'elle à lui un avis sur son opinion, s'il est membre d'une assemblée ; sur son livre, s'il est écrivain ; sur son vote, s'il n'est que citoyen. Elle doit entrer dans ses projets, relativement au progrès de la science, de l'art ou du métier qu'il exerce: éclairée et sensible, dévouée et prudente à la fois, presque toujours la raison s'applaudira de l'avoir consultée et l'amour lui reportera une part du succès. Son affectueuse approbation affaiblira l'impression des jugements légers ou sévères et devancera quelquefois aussi par l'enthousiasme cette estime nécessaire que le plus juste n'obtient jamais des hommes aussitôt qu'il l'a méritée. »

Mais c'est surtout lorsque l'homme rencontre sous ses pas les obstacles et les périls qu'il a besoin des soins et du dévouement de la femme. L'homme a surtout la force qui conçoit et qui exécute, mais il n'a pas toujours celle qui supporte et qui attend. L'insuccès l'aigrit et l'irrite, il croit tout perdu pour un échec, et il bouleverserait le monde pour une in-

(1) *Essai sur l'éducation des femmes*, p. 99.

justice. La femme, plus vive sans doute, et dont les impressions du premier moment sont plus exaltées, revient plus facilement au ton de la vie ordinaire ; et, ne fût-ce que par dévouement pour son mari, elle est plus disposée que lui à la patience et à l'abnégation. Elle n'a pas la puissance qui entreprend, mais elle a celle qui aide et qui reconforte, et, dans les grandes crises, celle qui relève. Il y a une profession où la femme est particulièrement mêlée aux vicissitudes et à toutes les crises de la vie du mari : c'est le commerce. Que de vertus cachées, que de larmes dévorées, que de dévouements ignorés dans ces arrière-boutiques que le monde dédaigne ! Dans un livre que je ne crains point d'appeler beau, quoique ce soit un roman, et d'un auteur qui en a fait de bien mauvais, roman dont le sujet est l'histoire de la grandeur et de la décadence d'un commerçant, il y a un rôle de femme admirable, pleine de prévoyance, de sagesse, d'avertissement dans la prospérité, pleine de tendresse muette, de consolation et de compassion dans la chute, pleine d'héroïsme et d'abnégation dans l'adversité. Elle cherche d'abord à prévenir le désastre, elle en adoucit l'amertume quand il est devenu inévitable, elle travaille à le réparer quand il est arrivé. Ce rôle est profondément vrai : mais ce n'est pas seulement dans la vie de commerce que la femme est appelée à jouer ce grand rôle : toutes les existences ont ou peuvent avoir leurs crises, leurs chutes et leurs désastres.

Le malheur est l'école et le triomphe de la femme. Voyez cette jeune femme, vous l'avez perdue de vue quelques années ; elle était jeune, rieuse et frivole : vous la retrouvez sérieuse, sensée, désabusée, jugeant sainement les choses et les hommes : c'est le malheur qui l'a formée. A l'époque de la révolution, les femmes qui trônaient dans les salons n'étaient remarquables en général que par la frivolité de leur esprit et la légèreté de leurs mœurs : devant la mort, dans l'exil, dans la pauvreté, elles déployèrent les qualités les plus admirables. C'est dans la détresse et dans l'humiliation qu'il faut voir éclater la grandeur de la femme, et non dans la brillante et vaine royauté des salons.

La femme n'a pas seulement la puissance de soutenir et de relever, mais encore celle de consoler. La nature, qui lui a donné le don des larmes, lui a donné en même temps le don des consolations. La femme a une puissance merveilleuse pour ramener le sourire sur les lèvres quand le cœur est déchiré.

Par une sorte d'hypocrisie généreuse, elle fait renaître autour d'elle la paix qu'elle a perdue, et portant elle-même une blessure incurable, elle adoucit et guérit, autant qu'il est en elle, les blessures qui l'environnent.

Ce n'est pas tout : la femme est en quelque sorte la conscience de la famille. Ici, toutefois, je dois faire une observation que je livre à votre examen. Il semble en effet que la femme, qui a l'esprit plus vif et plus fin que l'homme, doit avoir également la conscience plus vive et plus délicate : cependant, il est vrai de dire que cela n'est pas toujours absolument vrai. Tous les jours, lorsque l'homme commet des fautes dans la vie publique, nous entendons en attribuer l'influence aux femmes, et il est vrai qu'elles ne sont pas toujours assez susceptibles pour les obligations qui sortent de la vie de famille : les intérêts généraux ont peu de valeur à leurs yeux : tout ce qui n'est pas la famille leur est étranger, et elles croient presque de leur devoir d'amortir la conscience et les principes de l'homme public. Elles ont une ambition tout extérieure qui attache plus de prix à la grandeur de la position qu'à la solidité de la considération. Elles préfèrent souvent le travail qui rapporte au travail qui honore et qui illustre. Elles ne savent pas qu'il y a quelque chose de supérieur à la famille même : c'est la justice et la dignité. Il ne faut point en vouloir à la femme de ces idées fausses : la faute n'en est pas à elle, mais à une éducation un peu superficielle, quoique très-chargée, qui ne développe pas assez en elle les idées générales et élevées.

Mais si la femme n'est pas toujours un guide aussi impartial et aussi droit qu'il le faudrait dans les affaires de la vie extérieure, elle est admirable pour ramener la pureté et l'ordre à l'intérieur. Lorsque le mari s'égare, lorsqu'il compromet la famille par ses désordres, c'est à la femme à le reconquérir par les armes douces et puissantes que la nature et l'amour ont mises entre ses mains. Sans doute, ce n'est pas là une petite entreprise, et plus d'une femme découragée cède et renonce dès le premier choc. Quelle déception en effet pour une personne qui ne sait rien de la corruption humaine, et dont l'innocence croit à peine à l'existence des vices, que de rencontrer ces vices mêmes dans l'être à qui elle doit l'obéissance et le respect ! Plus on lui a inspiré d'idées hautes et pures sur la sainteté de la famille, plus elle tombe de haut, et se voit près du désespoir, lorsqu'elle est obligée de s'avouer à elle-même que celui qu'elle doit vénérer mérite le mépris des autres ! Quels combats et quel partage dans cette âme déconcertée ! Comment concilier sa raison et son devoir ? Comment étouffer cette voix intérieure qui crie à la trahison ? Si elle aime, quelle chute terrible ! et, si elle n'aime pas, combien plus terrible encore ! Mais si la femme cède à ce découragement, tout est perdu ; et c'est ici qu'on ne saurait trop souhaiter qu'une jeune fille n'apporte pas dans le mariage une trop grande inexpérience; non qu'il faille l'effrayer mal à propos, et lui montrer à chaque pas des précipices ; mais peut-être serait-il bien qu'elle fût assez préparée aux épreuves de la vie pour ne pas succomber à la douleur du premier désenchantement, et ne pas ruiner elle-même ses dernières chances de bonheur par des violences inopportunes et irréparables !

Mais il est rare que la femme renonce tout d'abord à l'espoir de ramener l'ordre et le bonheur au foyer de la maison. Sa vive nature, aisément abattue, se relève avec la même facilité, et sa première pensée est de lutter avec courage. Mais, ce qui use et amortit ce courage, c'est l'insuccès. Et, cependant, elle ne doit renoncer qu'après avoir tout épuisé. La patience, la tendresse, les pleurs, l'enjouement, le silence, tout est arme entre ses mains ; n'eût-elle fait qu'arrêter le mal, et en combattre le progrès, elle n'aurait point perdu ses soins : et d'ailleurs, ce n'est point le succès qu'elle doit regarder, mais le devoir.

Le plus difficile pour une femme qui lutte contre les désordres du mari, c'est de concilier le juste respect qu'elle lui doit toujours avec le mépris qu'elle ne peut se défendre d'éprouver pour ses vices. Une femme médiocre ou perverse ne manquera pas de trouver là un prétexte d'usurper l'autorité : il est sans doute des cas où cette extrémité devient nécessaire ; mais en général ce n'est pas par cette voie que la femme ramènera le mari égaré.

On a plaidé pour la femme le droit de compenser les torts de son mari par des torts égaux. Rien de plus funeste que de pareils principes ; je n'ai pas besoin de dire que l'infidélité n'a pas les mêmes conséquences de part et d'autre : d'ailleurs le mal ne justifie jamais le mal. Je ne connais que deux modes de conduite qui soient dignes d'une épouse trahie : une courageuse clémence, tant que le mal est réparable, et, lorsqu'il ne l'est pas, une fière résignation.

La résignation, voilà une bien triste vertu : elle

n'a rien qui parle à l'imagination ; elle n'a point d'éclat ; quelques-uns l'appellent une lâcheté, la faveur des hommes lui manque ; et rarement elle a sa récompense. Et cependant elle est le dernier mot de la vie de la femme, lorsque après avoir tout épuisé elle se voit forcée de renoncer au bonheur. Mais que les opinions humaines sont faibles et aveugles ! Et combien plus de grandeur dans cette silencieuse patience, et dans ce retranchement austère de toute illusion, que dans les emportements d'une colère impuissante, et les faciles représailles de la trahison !

Je ne vais pas jusqu'à dire que l'épouse doive tout supporter, même les mauvais traitements et le mépris ; la loi lui accorde son secours lorsque ce poids est trop lourd à porter ; ni la morale ni la religion n'interdisent à la femme de sauver les derniers débris de son bonheur en se condamnant à la solitude. Souvent même l'intérêt de ses enfants exige une semblable séparation : que la responsabilité en retombe alors sur celui qui l'a rendue nécessaire ! Mais soit que la femme, aidée par la loi, secoue le joug d'une insupportable servitude, ou que par un héroïsme plus grand encore, elle traîne son martyre avec courage, elle ne peut rien contre la destinée : toute autre consolation lui est interdite que celle de la vertu et de la maternité. J'avoue qu'à ce point la vertu ne se suffit plus à elle-même : il lui faut un point d'appui : je n'en vois pas d'autre que le sentiment religieux. La piété si convenable au cœur de l'homme, si convenable au cœur de la femme, si convenable dans la joie, si convenable dans l'adversité, est la seule arme qui puisse protéger la femme contre elle-même et contre les tentations de la révolte et de la vengeance.

Voici l'idéal que nous proposons à la vie de la femme : Administrer l'intérieur avec ordre et élégance, gouverner les domestiques avec fermeté et humanité ; s'élever au niveau du mari par une éducation cultivée, partager l'intérêt de ses pensées et de sa carrière, et récréer ses loisirs par l'agrément d'un esprit orné ; le conseiller, le soutenir, le relever, le consoler ; s'il s'égare, le ramener au foyer de la famille, purifier tout autour de soi par sa propre pureté ; et, si tout est perdu, si elle est réduite à un amour sans espoir, ou à une vertu sans estime et sans amour, se sauver de soi-même par une pieuse résignation : voilà le vrai idéal de la femme, le seul qui convienne à son âme tendre et fière, le seul qui lui laisse tout son charme sans lui rien ôter de sa noblesse et de sa dignité.

Et cependant on a proposé à la femme un autre idéal, d'autres espérances, un autre avenir. On lui a enseigné que la vie paisible n'était que pour les âmes médiocres, mais que les âmes libres et généreuses ont d'autres lois. On lui a montré le devoir comme une convention et la vertu comme une faiblesse : on a fait briller à ses yeux je ne sais quel rêve de bonheur, d'où sont exclus les plaisirs modérés, les affections innocentes, les austères douceurs de l'intimité, les devoirs sérieux et les belles vertus. Pour tout dire enfin, on lui a fait croire qu'il n'y avait de grandeur que dans la passion. Prédications malheureuses, qui ont fait aux âmes de profondes blessures ! Ceux qui ont secoué le joug trouvent dans ces principes une orgueilleuse justification ; ceux qui sont sur la pente, éblouis et fascinés, sont insensiblement entraînés au fond de l'abîme ; enfin les heureux et les ignorants y puisent à leur insu des germes qui croîtront, fructifieront, empoisonneront peut-être un jour des âmes nées pour le bien, qui, sans les lumières fatales qu'on leur a données des tempêtes du cœur, auraient suivi le cours harmonieux d'une existence paisible et innocente.

Est-ce à dire qu'il soit défendu aux écrivains de

peindre la passion? Non ; mais il leur est défendu de lui donner raison. Or, je le demande, est-ce que la passion dans vos livres n'a pas toujours raison? Est-ce que seule elle n'est pas grande, généreuse et sainte? Est-ce qu'elle n'est point la reine, l'idole, la divinité? Tout ce qui n'est pas la passion n'est-il pas égoïsme, froid calcul, convention, hypocrisie? Ainsi changent les travers avec les siècles : au XVIII° siècle, on célébrait le plaisir ; au XIX°, on divinise la passion : est-ce un progrès? je n'en sais rien : car si la morale du plaisir amollit, énerve, abâtardit les âmes, la morale de la passion les brûle, les dessèche et les dévore.

Trouverais-je, messieurs, des paroles, je ne dis point assez fortes, mais au contraire assez contenues pour peindre le tableau de la passion dans la famille? Je ne l'essayerai même pas : peindre la passion en traits trop vifs et trop exacts, même pour la proscrire, c'est la favoriser. Je me contenterai d'emprunter pour résumer ce tableau une ligne admirable à ce livre dont a dit qu'il est le plus beau sorti de la main des hommes, puisque l'Évangile n'en est pas. Permettez-moi de vous citer cette ligne dans le texte même, dans cette admirable latinité barbare si précise et si énergique : *Nunc primum occurrit sim-*

plex cogitatio, deinde fortis imaginatio, postea delectatio, et motus pravus, denique assensio : « Ce qui se présente d'abord à l'esprit, c'est une simple pensée, puis une forte imagination, puis le plaisir et un mauvais mouvement, et enfin le consentement. » Quelle science de l'âme avait ce mystique inconnu, qui, du fond d'une cellule monastique, dépeignait en termes si concis et si pathétiques toute l'histoire des passions humaines !

Voilà le mal : quel est le remède? le même livre nous l'apprend encore : *Circa initium vigilandum est :* « Il faut veiller au commencement. » Et cependant c'est au commencement que l'on veille le moins : qu'est-ce qu'un sourire, qu'est-ce qu'une parole aimable? Mais, *quanto diutius ad resistendum quis torpuerit, tanto in se quotidie debilior fit et hostis contra eum potentior,* « plus on s'endort, et on s'engourdit, plus la volonté devient faible, et l'ennemi puissant. » L'esprit, qui a trouvé d'abord dans la faiblesse de l'ennemi un prétexte pour le négliger, trouve ensuite dans sa force un nouveau prétexte pour succomber : et ainsi il se trouve partagé, et successivement vaincu par deux sophismes : d'abord « ce n'est pas la peine, » et ensuite « il est trop tard. » Mais ces deux sophismes ne doivent point avoir raison de notre courage : il n'est jamais trop tôt, il n'est jamais trop tard, pour sauver la paix de son âme ou rendre l'honneur à son foyer.

En dépeignant le rôle de la femme dans la famille, la pureté, la beauté, la grandeur de ce rôle, en flétrissant la passion non point avec la force que j'aurais pu, mais dans la mesure qui convenait à une telle assemblée, à qui me suis-je adressé? C'est à vous, messieurs, c'est à vous, jeunes gens, qui avez une mère, des sœurs, et qui aurez un jour une femme à qui vous ferez partager le poids de vos travers et de vos infortunes. J'ai voulu vous inspirer l'un des sentiments qui protégent le mieux chez l'homme la noblesse du cœur, je veux dire le respect de la femme; et permettez-moi de finir en vous citant un mot que j'emprunte encore à ce vieux livre indien dont je vous parlais l'autre jour, et que j'aime, parce qu'il est plein de mots naïfs et touchants : « Lorsque les femmes sont honorées, les divinités sont satisfaites! »

QUATRIÈME LEÇON.

LE PÈRE ET LA MÈRE.

Sommaire. — La famille et l'État. — Du droit des parents sur les enfants. — Première éducation physique. Soins de la mère. — Éducation morale. Rôle du père. De l'autorité et de la contrainte. De la règle et du devoir. — Rôle de la mère : défense de l'enfant, persuasion, insinuation, tendresse. — Éducation religieuse. — Changement de rôle entre le père et la mère : tendresse chez l'un, sévérité chez l'autre. — Nécessité de réunir ces deux principes d'action. — Pouvoir de l'exemple.

Messieurs,

Quel que soit le charme du lien qui attache l'homme à la femme dans un ménage bien uni, ce n'est pas pour se livrer au plaisir d'un tel sentiment que la famille a été instituée. C'est l'erreur de nos prédicateurs de roman de nous enseigner que la passion est toute la vie ; même légitime, elle ne l'est pas : elle n'est que l'attrait qui rend plus faciles les devoirs austères de la vie domestique. Or les plus importants de ces devoirs, ce sont ceux de la paternité et de la maternité. La famille prend un aspect à la fois plus sérieux et plus animé, aussitôt qu'on y voit paraître les enfants.

Quelques-uns ont voulu enlever l'enfant à la famille pour le donner à la société, à l'Etat : c'était commettre une grande méprise ; car l'enfant doit appartenir évidemment à ceux sans lesquels il ne serait pas. D'abord c'est onérer la société d'une charge dont elle n'est point responsable, et de plus, elle n'a pas de droit sur cet enfant, puisqu'elle n'est attachée à lui par aucun lien précis ; enfin elle n'offre point une garantie suffisante, et on ne peut attendre d'elle qu'une sollicitude vague et générale, si même elle n'est pas partiale en faveur de ceux dont elle espère le plus d'avantages. Au contraire, les parents ont évidemment la charge de l'enfant, puisque c'est par eux qu'il existe; mais cette charge leur crée par là même un droit; car comment seraient-ils responsables de cet être qu'ils ont créé, s'ils ne pouvaient en disposer dans une certaine mesure? Il y a entre les parents et l'enfant un lien physique, un lien de cœur, et un lien de raison : aucune autorité ne repose sur des principes plus naturels, aucune n'est plus nécessaire, aucune n'est entourée de plus grandes garanties.

Les parents ont un droit d'autorité sur l'enfant, mais non un droit de propriété. C'était à Rome un abus de l'autorité paternelle, que d'accorder au père le droit de vie et de mort sur ses enfants, le droit de les vendre, enfin d'en disposer comme d'une chose. Tout le pouvoir du père sur l'enfant est limité par l'intérêt et les droits de l'enfant lui-même : au delà de ce qui peut être utile à son existence physique et morale, le père ne peut rien : il ne peut donc pas avoir le droit exorbitant de condamner son enfant, soit à la mort, soit à l'esclavage. C'était confondre le pouvoir paternel avec la magistrature politique : ce n'est qu'au point de vue de l'intérêt social qu'un être humain peut être mis à mort, ou réduit en captivité : or, le père ne représente pas la société, il représente l'enfant lui-même, il est la raison de l'enfant. La famille ne doit pas plus usurper le gouvernement politique, que l'État le gouvernement de la famille. La loi, en France, a donc eu raison de détruire les derniers vestiges de cette autorité mal entendue qui faisait du père un magistrat de police, plutôt qu'un véritable père. C'est une erreur d'en conclure, comme on le fait souvent, à la diminution de l'autorité paternelle ; il est vrai que les fonctions paternelles deviennent par là même plus difficiles ;

car n'ayant plus la force, il faut gouverner par la seule autorité du caractère; mais c'est aussi là qu'est la vérité ; car le père doit être respecté pour lui-même, et non pas comme armé de la force publique.

Si la doctrine qui prétend enlever les enfants à la famille pour les donner à l'État est absurde et révoltante, c'est surtout lorsqu'on considère le rapport de la mère et de l'enfant. Cet enfant, qu'elle porte avec fatigue, qu'elle enfante dans le danger et dans la douleur, auquel elle sacrifie sa fraîcheur, sa beauté, sa santé, peut-être sa vie, à qui est-il donc, s'il n'est pas à la mère? La société, cette marâtre, aurait-elle de tels soins, de tels sacrifices, un tel oubli de soi-même, une telle condescendance pour la faiblesse de l'enfant? La nature, en mettant au sein de la mère la source de la première et suave nourriture de l'enfant, n'a-t-elle pas voulu établir entre elle et lui un rapport tellement sensible que nul ne pensât à lui contester ses droits? Soutenir que ce lait qui ne monte et ne jaillit qu'après la naissance de l'enfant, n'a pas été préparé et destiné à cet enfant par la nature même, mais doit être indistinctement distribué à tous les enfants du même âge, par l'ordre et par le choix de l'Etat, réduire ainsi la femme comme mère et comme nourrice au rôle de fonctionnaire public, est une idée barbare et brutale que je ne puis pardonner au divin Platon.

Nous rencontrons ici la belle question soulevée par Rousseau au dernier siècle, celle de savoir si les mères doivent nourrir leurs enfants. Vous savez que Rousseau a plaidé cette cause avec une éloquence qui ne fut jamais mieux inspirée ; et par une bonne fortune rare chez un moraliste, il l'a gagnée. Mais depuis, cette opinion a rencontré quelque opposition. Si la morale continue de plaider la cause de l'allaitement maternel, la médecine de son côté ne lui est pas trop favorable, du moins dans les classes mondaines, où une certaine mollesse d'organisation, le trop grand loisir, la vivacité de l'imagination et l'excès de la sensibilité nerveuse rendent souvent la nourriture de la mère dangereuse pour l'enfant lui-même. Heureusement la médecine et la morale peuvent s'entendre : car il serait absurde, d'un côté, que la morale exigeât qu'une source de vie devînt une source de mort, et de l'autre, la médecine parlant au nom de la santé, ne peut pas aller contre la nature, qui exige que la femme donne à son enfant son lait, si elle le peut, et à son défaut, ses tendres caresses et ses soins infati-

gables. Un critique ingénieux et délicat, en commentant cette opinion de Rousseau, a dit avec raison :
« Il y a dans la mère deux choses, le lait de la
« nourrice, et l'affection de la mère. Rousseau ne
« demande l'un que pour avoir l'autre. L'allaite-
« ment n'est que le moindre côté du devoir mater-
« nel. Il y a beaucoup de femmes qui sont bonnes
« nourrices et médiocres mères ; elles ont les ma-
« melles pleines et le cœur sec. Il y a par contre
« beaucoup de femmes qui sont mauvaises nour-
« rices et très-bonnes mères, c'est-à-dire qui aiment
« le berceau de leur enfant, ses premiers pas, ses
« premiers ris et ses premiers bégaiements, qui
« ne cèdent à la nourrice que l'allaitement et qui
« gardent les autres soins, non pas soins igno-
« bles, puisqu'ils sont le signe d'un doux et grand
« devoir accompli avec patience (1). » Ces soins,
voilà le vrai devoir de la mère ; qu'ai-je besoin de
dire un devoir, lorsque c'est un plaisir si facile,
et que la mère d'ordinaire a plus besoin d'être
contenue que d'être encouragée dans son dévouement? Mais, si enfin elle oubliait que c'est un plaisir,

(1) Saint-Marc Girardin, *Revue des Deux Mondes*, déc. 1854. Je ne puis trop engager le lecteur à relire ces excellents articles sur l'*Émile*. Il n'a jamais été mieux jugé, avec un bon sens plus ferme, plus fin et plus équitable.

il faudrait qu'elle se rappelât que c'est un devoir ; et, si par malheur elle sentait son cœur fermé, il faudrait qu'elle-même se déchirât le cœur pour en faire jaillir les sources enfouies de la tendresse maternelle !

Voilà pour la première éducation physique ; passons à l'éducation morale. Ici le père joue le principal rôle, et c'est sur lui que pèse la plus grande responsabilité. L'élément que le père introduit surtout dans l'éducation, c'est la raison. Mais il y a plusieurs manières de faire entrer la raison dans l'esprit de l'homme, et ici il faut se garder de quelques illusions.

On a dit souvent qu'il fallait rendre la raison aimable, je suis de cet avis; du moins il ne faut pas rendre à plaisir la raison rebutante, et il faut se garder d'associer dans l'esprit de l'enfant d'une manière inséparable et quelquefois irréparable, l'idée de raison et celle de chagrin. Ce principe libéral, qui se trouve déjà dans le traité de Fénelon sur l'éducation des filles, dont Rousseau, après Montaigne, a fait le fond de son *Émile*, a été entendu quelquefois d'une manière si exagérée qu'il importe aujourd'hui beaucoup plus de le rectifier et de le restreindre, que de l'établir. Il est impossible que la raison soit toujours aimable : car il est impossible qu'elle ne nous demande pas quelque sacrifice. La raison est pénible au jeune homme, à l'homme fait ; comment serait-elle agréable à l'enfant ? Qu'il faut de temps pour que l'homme arrive à aimer la raison, et à se passionner pour elle comme l'enfant pour ses jouets et le jeune homme pour ses plaisirs ! et encore combien peu d'hommes arrivent jusque-là ! Pour que la raison ne soit jamais désagréable à l'enfant, il faut la lui dissimuler ou l'éluder. Mais le préparez-vous ainsi à subir plus tard le joug de la raison, qui ne pourra pas toujours être dissimulée ? Or, c'est là principalement l'office de l'éducation. En donnant tout au plaisir, vous amollissez les forces de l'enfant, et vous le rendez incapable d'un exercice vigoureux. Comment ferez-vous pour que l'enfant trouve agréable d'aller étudier sa grammaire, lorsqu'il est dans le feu d'une partie de barres ! Nous attendrons, direz-vous, qu'il ait fini sa partie de barres : soit ; mais ne trouvera-t-il pas un nouveau jeu pour remplacer celui-là ? Eh bien, nous attendrons qu'il ait assez du jeu. Mais alors, rassasié et fatigué, il n'apportera à l'étude qu'une attention distraite et une volonté énervée. En donnant tout au plaisir, vous usez chez lui à la fois et l'amour du plaisir et l'amour du travail.

Pour rendre la raison aimable, ou plutôt pour la rendre inutile, une école contemporaine a imaginé la théorie devenue célèbre du travail attrayant; son secret pour obtenir un si beau résultat, est de varier constamment les travaux, et de les distribuer à petites doses, et comme elle le dit, à *courtes séances*: mais quand vous aurez appliqué l'enfant pendant une heure à étudier sa grammaire, pendant l'heure suivante à couper les foins, et pendant la troisième heure à faire la cuisine, vous aurez détruit dans l'enfant l'esprit de suite et la puissance d'une application continue, mais vous n'aurez pas écarté la contrainte et l'ennui. Cette variété qui vous paraît charmante, je crains bien qu'elle ne paraisse à l'enfant maussade et monotone. Croyez-vous donc satisfaire à si peu de frais cette faculté que vous appelez ingénieusement la papillonne, c'est-à-dire l'amour du changement et de la nouveauté? croyez-vous qu'après avoir obtenu de changer de travail toutes les heures, elle ne demandera pas à changer toutes les demi-heures, puis tous les quarts d'heure, et enfin toutes les minutes? Si vous la refusez, c'est encore la contrainte; et vous retombez dans notre système; si vous lui cédez, renoncez à toute prétention d'organiser la liberté, et avouez franchement que votre système n'est que le système du bon plaisir sans limites et sans règles.

Il faut donc accorder que l'on ne peut pas se dispenser de donner à la raison des formes plus ou moins pénibles; mais au moins, dira-t-on, devrez-vous présenter cette raison comme raisonnable, c'est-à-dire ne rien imposer à l'enfant, dont il ne comprenne bien le sens et le pourquoi; traitez-le enfin comme une créature intelligente, et non comme un animal que l'on dresse sans lui rien expliquer.

Je donne tout à fait les mains à ce principe, et j'accorde qu'on ne saurait introduire trop tôt la raison dans l'enfant, qu'on ne saurait trop s'efforcer de lui faire comprendre ce qu'il fait et pourquoi il le fait ; ce n'est donc pas le principe même que je combats, mais ses exagérations. S'il faut s'interdire tout ce qui entreprend sur la liberté de l'enfant, c'est-à-dire tout ce qu'on l'oblige à faire sans lui donner de raison, autant vaut-il renoncer à toute éducation; car, puisque le but de l'éducation est de faire de l'enfant une créature raisonnable, il faut donc supposer qu'il ne l'est pas encore; et alors comment lui faire comprendre ce qu'on exige de lui précisément pour le rendre raisonnable ? Il est vrai qu'aussitôt que quelque lueur de raison paraît en lui, on peut et on doit s'en servir pour aller plus loin. Mais cette ébauche de raison sera toujours insuffisante pour obtenir de l'enfant qu'il fasse volontairement et avec connaissance tout ce qui est nécessaire à son intérêt futur. Faites-lui comprendre, par exemple, le rapport qu'il y a pour lui entre étudier sa grammaire latine et plus tard jouer un rôle dans le monde. Ce rapport est si obscur que beaucoup de gens d'esprit ne l'aperçoivent pas. Mais vous lui direz qu'il doit travailler pour être le premier, pour avoir un prix, pour ne pas être en retenue; ce sont là sans doute des raisons qu'il comprendra ; mais avouez que ce sont des raisons très-insuffisantes, très-incomplètes, des demi-raisons, qui ne satisferaient pas du tout une créature vraiment raisonnable.

On dira qu'il ne faut précisément faire faire à l'enfant que ce dont l'on peut lui donner raison : mais cela n'est pas vrai de l'enfant au maillot, je suppose; cela n'est pas vrai de l'enfant qui commence à bégayer ; que l'on y regarde, et l'on verra de proche en proche que cela n'est ni vrai ni possible à aucune époque de l'enfance. Quoi qu'on fasse, on ne peut échapper à la nécessité de donner à l'enfant des habitudes dont il ne peut pas toujours comprendre tous les motifs, ni les vrais motifs.

Ce qui prouve que l'enfant est fait pour être conduit en partie par l'autorité, c'est le peu de résistance qu'oppose sa petite intelligence aux choses qui devraient lui paraître les plus étranges. Madame Necker de Saussure parle de l'étonnement d'un enfant qui apprenait que dans le monde il y a beaucoup de grandes personnes qui ne savent pas décliner *mensa*. Cet enfant n'avait jamais eu de doute sur l'importance de cet exercice, quelque peu de rapport qu'il ait avec les besoins et les intérêts de l'enfance. Il est vrai que cette docilité de l'enfant ajoute beaucoup à la responsabilité du père, mais elle témoigne que la nature a voulu que l'enfant se pliât sans résistance à la direction de ceux qui sont plus sages que lui. L'autorité paternelle, il faut l'avouer, est une dictature ; mais il n'y en a pas de plus légitime. D'abord elle est nécessaire : puisque l'enfant ne pourrait se diriger lui-même, il faut bien que quelqu'un le dirige ; ensuite elle est sage, car le père a évidemment plus d'expérience et plus de raison que l'enfant ; enfin elle est sans péril ; car elle a en elle-même ses limites et ses garanties. L'autorité paternelle a pour limite l'affection paternelle ; le père porte en quelque sorte dans son cœur un tribun toujours prêt à prendre la défense de l'enfant et à opposer son veto aux excès d'une autorité arbitraire.

J'ai dû défendre le principe de l'autorité et de la contrainte, quelque désagréable que soit ce principe : mais il est d'une grande importance. Sans lui le relâchement et l'anarchie s'introduisent dans la famille. Un esprit de liberté prématuré soustrait l'enfant à la vigilante direction des parents. La jeunesse affecte l'indépendance de la maturité, et l'enfance prétend déjà aux prérogatives de la jeunesse, chaque âge anticipe sur le suivant, et ainsi vous avez des jeunes gens de douze ans, et des vieillards de vingt-cinq. Ce n'est pas attenter à la dignité de l'enfance et de la jeunesse que de retarder le moment de leur émancipation ; c'est protéger l'une et l'autre. Les doctrines libérales en éducation sont parfaitement vraies jusqu'au moment où, changeant les conditions de la nature, elles veulent que l'on traite l'enfant en homme fait. Ajoutez que la pratique dépasse toujours la théorie : il est si facile et si agréable à la faiblesse de trouver une thèse qui la justifie à elle-même et aux autres. De là vient ce laisser aller dans l'éducation, qui est un des caractères de notre temps, et qui donne occasion aux partisans chagrins du passé de gémir sur la décadence de l'esprit de famille.

Mais une fois la part faite à l'autorité, j'entends l'autorité qui s'impose et se fait obéir, faisons maintenant la part de l'autorité qui raisonne, qui démontre, qui donne ses motifs et qui apprend à l'enfant à raisonner lui-même sur ses propres actions. Il y a dans l'homme de la raison à tout âge, et, de même qu'il n'a jamais toute la raison, il n'est jamais non plus absolument sans raison, au moins depuis le moment où il commence à avoir un langage. Le grand art de l'éducation est de bien mesurer ce qu'il y a de raison dans chaque enfant, ou à chaque époque de l'enfance, et de bien proportionner ses instructions selon cette mesure. Ne pas supposer l'enfant plus raisonnable qu'il n'est, est un grand point, mais savoir démêler toute la raison qu'il a n'est pas moins essentiel. Tout ce qu'il peut faire avec sa raison ne le lui faites faire ni par le plaisir ni par la contrainte, ou du moins que le plaisir ne soit qu'un assaisonnement, ou une récompense, et que la contrainte, si elle est nécessaire, ne vienne que pour soutenir la raison. On ne saurait trop se pénétrer de cette idée, que l'objet de l'éducation n'est pas de faire des machines, mais des personnes. Ce n'est pas assez d'agir convenablement, il faut agir encore avec connaissance de cause, savoir pourquoi on agit et vouloir précisément agir comme on le fait : c'est ce que l'on n'obtiendra pas par le seul moyen de la contrainte et de l'habitude. Il faut donc parler raison aux enfants, et, s'il est souvent utile de dissimuler la raison par le plaisir, s'il est quelquefois nécessaire de l'imposer par la contrainte, il importe aussi d'habituer peu à peu l'enfant à recevoir la raison toute nue, et à lui obéir non parce qu'elle est agréable, ou parce qu'elle est ordonnée, mais par ce seul motif qu'elle est la raison.

La raison, même lorsqu'elle n'est pas pénible et accablante, est froide et austère, et elle a peu de charme pour le jeune âge : et cependant c'est ainsi qu'il faut la présenter. N'attendez pas que l'âge vienne, où l'enfant ou le jeune homme trouverait du goût à la raison ; car si vous ne les avez pas habitués à la reconnaître et à la respecter, lorsqu'elle se présente sans voiles et sans mensonges, ils n'aimeront jamais la raison. L'amour de la raison qui est l'une des grandes et des plus fortes passions de l'homme, quand elle a une fois occupé son âme, ne précède jamais une pratique lente, dure, désagréable à la nature et à la volonté. Voilà ce qui forme un homme vrai, et non point une complaisance enfantine ou une contrainte grossière et brutale.

Or ce rôle de former l'homme par un emploi habilement ménagé et un mélange discret de l'autorité et de la pure raison appartient évidemment au père. Lui seul a la main assez ferme, et l'esprit assez libre pour jouer ce rôle sévère et triste : la mère a trop de tendresse et d'imagination.

Le père introduit dans l'âme de l'enfant les deux idées les plus essentielles pour la conduite de la vie, l'idée de la règle et l'idée du devoir : il lui apprend à ne pas se considérer comme le centre et la mesure de outes choses, à ne pas prendre ses désirs pour toute loi, mais à reconnaître au dehors des obstacles, soit dans la nécessité des choses, soit dans la volonté des personnes supérieures en âge et en autorité, soit dans les opinions généralement reçues, soit enfin dans les règles établies. Cette habitude de discipline n'est pas une servitude ; et les plus grands amis de la liberté doivent reconnaître qu'il y a un très-grand nombre de cas où il importe de savoir se soumettre sans résistance. Savoir obéir n'est pas une faiblesse, c'est une grande force. C'était un axiome du sage Socrate, que celui qui ne sait pas obéir ne sait pas commander : un peuple qui n'obéit pas n'est pas un peuple libre. Supporter patiemment le poids de la règle n'est autre chose que reconnaître l'infirmité de la nature humaine, qui a besoin d'appuis extérieurs, de commandements, de lois, de contrainte, et qui n'est jamais plus esclave que quand elle est trop libre.

Mais au-dessus de la règle il y a une idée supérieure que l'on confond souvent avec elle, c'est l'idée du devoir. Sans doute la règle peut être un devoir et le devoir est une règle. Mais la règle est quelque chose d'extérieur qui n'a pas toujours une valeur absolue, c'est ou un ordre donné par un chef qui a pu se tromper, ou une convention établie par les hommes et qui peut être remplacée par une autre ; il est sage de s'y plier, mais quelquefois il est permis ou même ordonné de s'en affranchir. De plus l'obéissance à la règle peut être raisonnée ou machinale : même quand elle est machinale, elle n'est pas inutile, et la conservation de l'ordre matériel dans une société n'est pas sans importance ; lorsqu'elle est raisonnée, elle peut avoir divers principes, soit l'intérêt, soit la crainte, soit enfin cette pensée qu'il convient à la nature de l'homme de s'assujettir à

9.

une règle : mais alors ce n'est plus à la règle seule que l'on obéit, c'est à une idée de convenance et d'obligation qui n'est autre chose que le devoir même.

Le devoir est une règle, mais une règle purement intérieure imposée par la raison et reconnue par la conscience : c'est une règle, dont rien ne peut nous affranchir, parce qu'elle ne dérive pas d'une convention, ni d'un acte de volonté plus ou moins arbitraire. On ne doit obéir au devoir que par le motif du devoir même : faire son devoir, pour une raison qui ne serait pas précisément la loi du devoir, ce n'est pas faire son devoir. Voilà la fonction propre et difficile du père dans l'éducation : c'est de faire pénétrer dans la conscience de l'enfant l'idée pure du devoir sans mélange, sans mensonge, sans attrait et sans crainte; par là il initie l'enfant à la véritable liberté : par l'habitude de la règle, il l'affranchit de la servitude de soi-même et de ses passions ; mais par l'idée du devoir, il l'affranchit encore de la contrainte de la règle, et lui apprend à ne plus relever que de sa conscience et de lui-même.

Quel rôle auguste, messieurs, que celui de père, mais quel rôle redoutable ! Lorsque l'homme étonné, ébloui par les magnificences de la nature, se demande pourquoi tout cela est et comment tout cela est, il ne trouve qu'une réponse : c'est qu'une suprême raison a tout créé, a tout ordonné. Quelques rayons égarés de cette raison sont tombés dans l'espèce humaine, et lui ont donné ce caractère de haute dignité qui la distingue entre toutes les espèces. Eh bien ! messieurs, le père est le représentant de cette raison souveraine ! Entre Dieu et l'enfant, il est le premier intermédiaire ; et l'instituteur sacré ou profane ne font que travailler sur les premières assises qu'a posées le père de famille. Quel sujet de respect pour l'enfant, mais aussi quel sujet de terreur pour le père, si, au lieu d'accomplir religieusement son rôle d'initiateur moral, il abandonne cette âme dont il est responsable, soit à la tendre partialité de la mère, soit à l'indifférence des étrangers, ou, si pour toute sagesse il ne lui enseigne qu'un égoïsme glacé et rampant, ou si enfin, abaissant encore davantage la dignité paternelle, il se fait l'ouvrier de sa corruption et le complice de ses folies !

Le rôle du père est de former l'enfant par l'autorité et par la raison, le rôle de la mère est d'obtenir les mêmes effets par l'attrait et par la tendresse. Le triomphe du père est de conquérir par le respect une volonté disputée, le triomphe de la mère est de gagner par l'amour une volonté qui s'abandonne. Je me représente la famille comme une sorte de gouvernement, dans lequel il y a deux partis : le parti de la résistance et le parti du mouvement, l'un, inquiet et défiant, attentif à contenir et à réprimer ; l'autre, prenant la défense des sujets ou des citoyens, toujours prêt à soutenir leurs droits menacés et à encourager la libre expansion des forces vives du pays. Dans la famille le père représente le parti toujours impopulaire de l'autorité et de la conservation, et la mère représente le parti de la liberté; elle plaide en faveur de la faiblesse de l'enfant et en faveur de la nature. Le père, trop préoccupé de son rôle de dictateur, peut très-bien ne pas mesurer à propos la force qui réprime à la force qui est réprimée, il est difficile qu'il ait un sentiment juste de ce que peut supporter une faible créature qu'il doit contenir, mais non pas opprimer ; et, en cas de doute, il vaut mieux trop abandonner que trop imposer. La tyrannie paternelle est plus terrible encore que la tyrannie conjugale : car celle-ci tombe sur un être déjà formé et qui jusqu'à un certain point peut se défendre, mais l'autre tombe sur un être qui ne peut se défendre lui-même et dont elle étouffe ou corrompt la vigueur encore en germe.

En voici un exemple remarquable, que j'emprunte aux mémoires intéressants publiés sur Mirabeau, d'après des papiers de famille authentiques, par son fils adoptif, M. Lucas-Montigny. Mirabeau n'eut pas de mère, ou du moins son enfance se passa comme s'il n'en avait pas ; car toujours en discorde avec son mari, et depuis séparée de lui scandaleusement, la marquise de Mirabeau, sa mère, n'eut aucune influence sur son éducation. Son père, personnage incompréhensible, loyal gentilhomme, seigneur bienfaisant et philanthrope sincère, fut cependant le tyran et le bourreau de sa famille. A une certaine époque de sa vie, il avait réussi à faire mettre au couvent sa femme et deux de ses filles, et à Vincennes son fils aîné, le célèbre Mirabeau. Après avoir écrit contre les lettres de cachet, il en sollicita tant pour son propre compte, que le bon Louis XVI en fut importuné et finit par refuser d'être plus longtemps le complice de ces fureurs de famille. Dès l'âge de cinq ans, Mirabeau fut regardé par son père comme un futur scélérat ; l'exubérance de cette nature de feu parut à son père le symptôme d'une dépravation précoce et irrémédiable. A dix ans, il se sépare de lui et il lui inflige la punition barbare et humiliante de ne plus porter son nom ; de dix à vingt ans, le grand Mirabeau, l'héritier légitime de la race antique des Riquetti, ne fut connu que sous un nom d'emprunt. Châtiment déraisonnable, appliqué à un âge si tendre et qui devait évidemment engendrer dans cette âme fougueuse et fière des sentiments de colère et de révolte, qui ne trouvèrent plus tard que trop d'occasions d'éclater. Ce qui prouve le mieux l'injustice et l'aveuglement du père, c'est que partout où Mirabeau, dans sa jeunesse, rencontra des juges désintéressés, il se fit aimer et estimer ; tous ceux qu'on lui donnait comme correcteurs et comme geôliers devenaient ses amis et ses partisans ; son oncle même, le chevalier de Mirabeau, fils cadet de la famille et asservi à l'empire de son aîné, ne pouvait s'empêcher de prendre parti pour son neveu et de plaider sa cause auprès d'un père dénaturé. Mais celui-ci, qui dans les fautes de l'enfance et de la jeunesse voyait des crimes dignes du bourreau, prétendait ensuite que le repentir, la componction, la docilité du jeune homme n'étaient que de l'hypocrisie, comme si l'hypocrisie n'était pas le dernier vice dont la violente nature de Mirabeau fût capable. Ainsi s'expliquent à mes yeux les désordres de Mirabeau, ses fautes, ses vices, enfin, toute l'histoire de cette grande âme déchue, parce qu'une prudente affection maternelle a manqué à son enfance et à sa jeunesse.

Il faut donc qu'il y ait dans la famille un défenseur de l'enfant plus faible, plus sympathique, plus partial que le père lui-même : c'est le rôle de la mère. D'une part, elle représente le pardon et la clémence ; et de l'autre, elle représente la liberté. Il y a deux libertés : la liberté de la raison, c'est-à-dire la liberté de l'homme qui se gouverne lui-même d'après des principes, et la liberté de la nature, c'est-à-dire le libre essor des forces qui se déploient sans réflexion et par là même avec quelque danger, mais qui sont pourtant les instruments et les ressorts nécessaires de la vie. Étouffer ces forces par une éducation trop contrainte et par l'abus de la règle et du châtiment, c'est composer un homme artificiel, ce n'est pas faire une créature vraiment raisonnable ; la raison n'est pas contraire à la nature, elle est l'achèvement de la nature même. Il faut donc accorder beaucoup à la nature dans l'enfant, sous peine de la voir reprendre sa revanche, et dérailler en quelque sorte faute de pouvoir être satisfaite ou étouffée. C'est ce grand principe qui a inspiré l'*Émile*, et qui, malgré les exagérations et les paradoxes de J. J. Rousseau, fait encore aujourd'hui la vie et la beauté de ce livre célèbre. Eh bien! il me semble que la mère a reçu cette disposition de condescendance et de faiblesse à l'égard de l'enfant, pour laisser à sa nature un développement plus large et plus libre : en arrêtant le bras du père, ne croyez pas qu'elle soit toujours l'esclave d'une tendresse irréfléchie; non, car cette tendresse même doit avoir sa raison; mais en arrêtant l'action de l'éducation, elle favorise l'action de la nature, et c'est encore une partie de l'éducation.

L'empire que le père essaye de gagner sur l'âme de l'enfant par l'autorité et par la raison, la mère l'obtient par les caresses et la persuasion. La mère semble née pour charmer, enchanter, assouplir l'enfant par ses moelleuses caresses : qui peut dire ce que ces caresses recèlent de puissance secrète et vivifiante? Il faudrait pouvoir pénétrer dans cette jeune âme engourdie, lorsqu'elle commence à s'épanouir sous les baisers maternels, il faudrait pouvoir analyser le premier sourire de l'enfant répondant aux sourires impatients de la mère; ou plutôt il suffit de voir cette pauvre créature abandonnée de la mère ou maltraitée par elle s'étioler, se glacer ou se gâter, et au lieu des fruits sains et savoureux qu'elle promettait, ne donner que des fruits amers et empoisonnés.

Tandis que le père est chargé de la pénible tâche de présenter à l'enfant la raison sèche et aride, la mère emploie l'insinuation, c'est-à-dire une adresse sans mensonge qui tourne doucement vers le bien et vers le juste la volonté de l'enfant. C'est une raison insensible et dissimulée à laquelle l'enfant obéit sans savoir qu'elle est la raison. Il faut sans doute, nous l'avons dit, que l'enfant apprenne à reconnaître et à écouter la raison comme telle; mais cela ne suffit pas pour toutes les actions : l'homme serait trop à plaindre, si l'on voulait qu'il agît exclusivement, je ne dis pas seulement dans l'enfance, mais pendant toute la vie, par des motifs de pure raison, et si on ne lui créait de bonnes et douces habitudes qui lui rendent facile l'accomplissement du bien. Ne chicanons pas trop sur les moyens que l'on emploie pour faire un homme bon, et, par l'appât d'un vain stoïcisme, ne mettons pas en péril les vertus naturelles, ces vertus dans la composition desquelles entre non-seulement la raison, mais le sentiment, mais l'habitude, mais l'imitation, et enfin toutes ces influences bienfaisantes qu'une mère bien née exerce sur une âme naïve et molle comme la cire.

Le père apprend à l'enfant à respecter le devoir, la mère lui apprend à l'aimer; le père donne les vertus fortes et viriles, la mère les vertus douces, chastes et aimables; le père ébauche énergiquement la statue de l'homme futur, la mère y ajoute la perfection et la beauté. Platon, celui des philosophes grecs qui a eu les plus grandes idées sur l'éducation, dit que le vrai principe de l'éducation est de mêler dans une âme la force avec la douceur, et il conseille d'employer à cet effet la gymnastique et la musique. La gymnastique, messieurs, c'est cette forte éducation paternelle, qui apprend à l'enfant à se vaincre soi-même, à ne pas succomber aux difficultés, à obéir à la règle, et à se rendre libre en devenant esclave du devoir; la musique est cette douce éducation maternelle, qui berce l'enfant de paroles enchanteresses, et qui engourdit ses résistances, sans endormir sa volonté.

La même diversité d'influences se montre dans l'éducation religieuse comme dans l'éducation morale de l'enfant : lorsque les premières impressions religieuses ne viennent pas de la famille, il est rare, il est difficile qu'elles se développent plus tard, et rien ne remplace, sous ce rapport, la première éducation.

C'est une idée fausse et souvent réfutée de J. J. Rousseau, qu'il faut attendre à l'âge de seize ans pour parler de Dieu aux enfants : la raison qu'il en donne, c'est que jusque-là l'enfant ne se fera de Dieu que des idées fausses et incomplètes. Mais si l'on attend que la raison de l'homme soit assez développée pour comprendre la nature de Dieu, sans y mêler aucune erreur, je crains bien qu'on n'enseigne jamais Dieu aux hommes : est-il une raison humaine, fût-ce celle de Leibnitz et de Descartes, qui puisse se flatter de ne mêler rien d'humain dans l'idée qu'elle se fait de la Divinité? et en vérité, une raison de seize ans est-elle donc si forte et si éclairée, pour lui accorder ce privilége de comprendre ce que les plus beaux génies ne comprendront jamais? d'ailleurs un jeune homme qui n'a jamais entendu parler de Dieu n'est guère plus en état de comprendre le sens de ce mot redoutable qu'un jeune enfant : il en sera de lui comme de l'aveugle de naissance auquel on fait l'opération de la cataracte, et qui n'y voit pas plus distinctement que le nouveau né. Cette grande idée a besoin de préparations, et à quelque âge que vous essayiez de l'introduire dans l'esprit humain, soyez sûr qu'elle ne sera pas comprise, ou du moins bien comprise du premier coup. Rousseau veut que l'on ne s'occupe d'abord que de conserver et de développer le physique, et que tout à coup, à un moment donné, on initie l'enfant à sa destinée morale et religieuse, en lui révélant le dernier mot du système des choses. Mais les idées ne se produisent pas ainsi toutes faites dans la raison ; elles s'y introduisent lentement, d'abord à peine comprises, puis un peu comprises, bien tard et bien rarement tout à fait comprises. On ne communiquerait pas à l'enfant la plus simple idée, si l'on attendait qu'il fût en état de la comprendre : c'est par les mots que les idées générales s'introduisent dans l'esprit, et l'enfant possède les mots avant de posséder les idées. Avant les idées morales et religieuses, il y a des impressions qui sont encore plus puissantes, et qui les protégent en nous pendant toute la durée de notre existence. Ce sont ces impressions qui doivent se former par la première éducation. Si l'on prétendait que c'est entreprendre sur l'esprit de l'enfant que de lui communiquer des impressions avant des idées, et de lui imposer par autorité ou par insinuation des principes qu'il ne peut pas contrôler, cette singulière objection n'irait à rien moins qu'à rendre impossible l'éducation même : car quelque parti que l'on prenne, on insinue toujours à l'enfant ses propres principes. Il n'y a qu'une manière de rendre l'enfant capable de raisonner et de choisir entre les idées, c'est de commencer par lui fournir des idées : or celles-là, évidemment, il ne peut pas les discuter.

D'ailleurs, s'il est vrai que l'idée de Dieu soit une notion inhérente à toute intelligence humaine, et qui n'a besoin que d'être éveillée, on ne saurait commencer trop tôt à la mettre en lumière, de peur que l'enfant ne s'habituât à la laisser dormir au fond de sa conscience. L'éducation religieuse commence donc de très-bonne heure, et c'est à la famille qu'elle appartient. Mais ici les rôles du père et de la mère semblent encore se partager. Il y a dans toute religion deux aspects : l'un sévère, auguste, solennel ; l'autre doux, tendre et affectueux. Il y a une partie de la religion qui parle surtout à l'intelligence, et une autre qui parle au cœur. L'existence de Dieu, son éternité et son immensité, sa sagesse, la grandeur de la création, la sévérité de ses jugements : voilà ce que la raison découvre dans la religion. La bonté de Dieu, son amour pour les créatures, la beauté de l'univers, la sollicitude de la Providence, les secrets de la clémence divine, les secrètes affinités de Dieu et de l'âme humaine : voilà la religion du cœur. La vraie piété est un mélange de respect et d'amour. Voilà les deux parts du père et de la mère dans l'éducation religieuse : c'est à l'un de faire comprendre ce qu'il y a d'austère et d'imposant dans l'idée de Dieu, et à l'autre, ce que cette idée a de consolant et de doux à l'âme : l'un inspire l'obéissance et le respect, l'autre, la confiance et l'espérance ; enfin, pour rappeler la parole d'un auteur allemand, le père enseigne Dieu à l'enfant, la mère lui apprend à prier.

J'ai cherché à démêler le rôle particulier du père et de la mère dans l'éducation ; mais je n'ai pas voulu dire, on le comprend, qu'ils dussent l'un et l'autre se borner exclusivement à ce rôle : il serait absurde en effet de soutenir que le père ne doit être que sévère, et que la mère ne doit être que tendre. Ce serait compromettre l'autorité et l'empire de l'un comme de l'autre. Si toute éducation doit unir dans des proportions diverses la force et la douceur, il ne suffit pas que le père ait toute la force et la mère toute la douceur ; il faut que chacun d'eux sache unir l'une et l'autre, mais dans des proportions différentes. D'abord, pourquoi le père se priverait-il lui-même du plaisir si naturel de caresser son enfant, pourquoi priverait-il l'enfant d'une marque d'affection si agréable, ou d'une récompense si légitime? Une sévérité absolue et sans mélange aurait les effets les plus funestes. « Il faut, dit Fénelon, que la joie et la confiance soient la disposition ordinaire des enfants, autrement on obscurcit leur esprit, on abat leur courage : s'ils sont vifs, on les irrite, s'ils sont mous, on les rend stupides ; la crainte est comme les remèdes violents qu'on emploie dans les maladies extrêmes : ils purgent, mais ils altèrent le tempérament, et usent les organes : une âme menée par la crainte en est toujours plus faible (1). » Pour que l'autorité ait vraiment son effet, il faut qu'elle n'ait point l'air d'un parti pris : autrement vous n'obtenez que l'obéissance du corps, et l'âme vous échappe (2). Qu'importe d'avoir réussi à se faire obéir, si l'enfant reste intérieurement révolté? Le grand point, ce

---

(1) Fénelon, *Éducation des filles*, chap. v.
(2) « On nous a donné des avis dans l'enfance, toujours sous la forme de correction, avec le ton d'autorité, souvent de menace. De là, une jeune personne, en sortant de la main de ses maîtres ou de ses parents, met tout son bonheur à n'avoir à rendre compte de sa conduite à personne : l'avis le plus amical lui paraît un acte d'empire, un joug, une continuation d'enfance. Eh! pourquoi ne pas accoutumer les enfants à écouter les avis avec douceur, en les donnant sans amertume? pourquoi employer l'autorité? » (Turgot, *Lettre à madame de Graffigny.*)

n'est pas d'établir et de faire triompher votre autorité, c'est d'améliorer votre enfant : quelque soumis qu'il soit, il viendra bien toujours un temps où il ne relèvera que de lui-même, et de quoi vous serviront alors les terreurs, ou les ennuis dont vous l'aurez accablé, s'il n'apporte dans la vie qu'un caractère énervé ou révolté par l'excès de la servitude?

Il faut donc tempérer la sévérité de la règle ou même l'austérité de la raison, nourriture trop forte pour le jeune âge, par la bonté et l'enjouement ; et dans le père le plus préoccupé de la sévérité de son rôle, il doit toujours y avoir quelque chose de maternel. D'un autre côté, la tendresse de la mère, si puissante quand elle est discrète, perdra tout son empire si elle dégénère en une déplorable faiblesse : elle peut beaucoup par le sentiment, mais ce n'est point à dire qu'elle ne puisse rien par la raison : elle a une raison qui lui est propre, et dont elle doit faire usage dans l'éducation; elle aussi doit savoir ordonner, et non point d'une manière capricieuse, maussade, irritée, mais avec tranquillité et avec un sérieux doux, qui est plein de charme dans la femme et qui lui gagne le respect et la vénération de ses enfants.

Il y a d'ailleurs bien des choses à considérer ici : et ce sujet est beaucoup trop complexe pour que l'on puisse, en posant les principes, faire sentir tout d'abord toutes les nuances de l'application. Ainsi il faut distinguer d'abord les différents âges : dans le premier âge l'enfant est principalement sous la tutelle de la mère : la main trop rude et la parole trop grave du père n'est pas faite pour un âge si tendre ; le père n'intervient donc que de loin en loin, et quand il est nécessaire : il intervient encore par ses conseils, par la direction générale ; mais, lorsqu'il a confiance dans la sagesse de la mère, il lui laisse volontiers la responsabilité des détails, c'est-à-dire de l'essentiel. Ainsi c'est le gros de la charge qui pèse sur la mère, jusqu'au moment où l'enfant grandissant réclame une plus rigoureuse autorité. Dans cet état de choses il n'y a point trop d'inconvénients à ce que le père abdique l'autorité en quelque sorte, et se montre doux, facile, débonnaire même, précisément en proportion de la force supérieure dont il pourrait disposer contre une créature si faible, s'il le voulait. Sans doute il ne faut point discréditer d'avance l'autorité dont on devra plus tard faire usage, mais il est permis dans une certaine mesure de la laisser dormir. En revanche, la mère, par cela même qu'elle a la plus grande responsabilité, doit prendre garde de trop accorder à la faiblesse qui lui est naturelle. Sans doute l'enfant veut être ménagé, mais il veut être dirigé ; et s'il est abandonné à la discrétion de la mère, ce n'est pas pour être affranchi de toute règle, mais pour sentir une règle plus douce et mieux accommodée à sa faiblesse : ainsi, dans le premier âge, moins le père réclame d'autorité, plus la mère doit essayer de le remplacer, sans oublier jamais, bien entendu, cette juste mesure fixée d'une part par l'âge de l'enfant et de l'autre par la nature de la femme. A mesure que l'enfant grandit, chacun des parents reprend son rôle naturel, le père de plus en plus sérieux, et exigeant chaque jour davantage, la mère de plus en plus compatissante et toujours prête à plaider la cause de l'enfant.

On peut faire une observation analogue relativement à l'éducation des deux sexes. L'éducation des garçons revient de droit au père et l'éducation des filles à la mère, et cela par des raisons évidentes sur lesquelles il est inutile d'insister. Le père ayant donc la plus grande part de responsabilité dans l'éducation des garçons, la mère est alors ramenée à son rôle naturel, la condescendance et la compassion, je ne veux pas dire la faiblesse imbécile. Dans l'éducation des filles, au contraire, la femme a plus d'action et plus d'empire, et elle prend la part que le père abandonne. Ainsi se tempèrent, se mêlent et s'équilibrent suivant les circonstances, les qualités diverses et contraires du père et de la mère dans l'éducation.

Mais voici une dernière considération qui doit engager l'homme et la femme à réunir chacun toutes les qualités nécessaires à une éducation bien entendue.

Que la vie serait belle, si elle était toujours ordonnée comme il semble que le demanderait la nature ! Deux jeunes gens s'aiment, ils se marient, ils ont un enfant, ils communiquent à cette suave créature quelque chose de la première fraîcheur de leur amour ; plus tard l'enfant grandit, et à mesure qu'il a besoin de plus de sérieux, ses parents gagnent en maturité ; plus tard l'enfant s'établit : si c'est un fils, il entre dans une carrière ; si c'est une fille, elle se marie; et les parents tranquilles sur le sort de leurs enfants, heureux de se voir récompensés de leurs labeurs et de leurs sacrifices, goûtent en paix le repos de la vieillesse ; et en voyant grandir autour d'eux de nouvelles générations dont ils sont la souche, ils retrouvent quelque chose des premières émotions de leurs premiers beaux jours.

Voilà l'image de la famille, telle qu'elle devrait être : mais, hélas ! combien une telle destinée est rare et par combien de côtés ne fait-elle pas défaut ! Tantôt c'est le jeune enfant à peine né qui, après avoir donné à sa mère le premier parfum de son premier sourire, s'évanouit et rentre dans la terre d'où il est sorti ; tantôt c'est la jeune fille, née pour la récréation des yeux et l'épanouissement du cœur, qui est enlevée dans la fleur de sa beauté ; tantôt c'est la jeune mère qui est arrachée à ses jeunes enfants, à peine sevrés de son lait et de ses premières caresses ; tantôt c'est le jeune père qui en mourant emporte avec lui le pain et la vie de la famille ; tantôt enfin, car tous les malheurs que l'imagination peut concevoir, la réalité nous les offre, c'est le père et la mère qui, disparaissant l'un et l'autre, laissent la famille misérablement décapitée. Quel sujet de réflexions pour le père et la mère qui, travaillant ensemble et s'aidant l'un l'autre dans l'œuvre de l'éducation, ne doivent jamais oublier qu'ils peuvent l'un ou l'autre rester seuls pour continuer ou terminer cette tâche ! pensée triste, mais inévitable, qu'il faut toutefois considérer avec tranquillité et sans la laisser empoisonner nos beaux jours. Si cette cruelle séparation devait avoir lieu, combien il serait nécessaire que le père eût pris quelque chose de cette sollicitude du détail, de cet art d'insinuation, de ces précautions heureuses et délicates, qui sont le génie de la femme, et dont il aura besoin lui-même, s'il reste seul avec de jeunes enfants! et la femme, combien plus nécessaire encore lui sera-t-il de s'être exercée au sérieux, à la gravité, à la fermeté, et que sa tendresse exquise serait impuissante, si une séparation prématurée la prive du bras paternel! Que de pensées amères doivent traverser l'esprit d'un père qui, jeune, plein de courage et de vertu, sent la vie s'évanouir et se voit entraîné, sans pouvoir se retenir, dans les abîmes glacés! Voici ce qu'écrivait dans une circonstance semblable un homme admirable, écrivain distingué, professeur éloquent de la Faculté des lettres de Paris (1); voici ce qu'il écrivait, atteint d'un mal cruel dont il était allé demander l'adoucissement ou la guérison à l'air pur et au ciel enchanteur de l'Italie.

« Je sais que j'accomplis aujourd'hui ma quaran-

(1) M. Ozanam.

« tième année, plus que la moitié du chemin ordi-
« naire de la vie. Je sais que j'ai une femme jeune et
« bien-aimée, une charmante enfant, d'excellents
« frères, une seconde mère, beaucoup d'amis, une
« carrière honorable, des travaux conduits précisé-
« ment au point où ils pouvaient servir de fonde-
« ment à un ouvrage longtemps rêvé. Voilà cepen-
« dant que je suis pris d'un mal grave, opiniâtre,
« et d'autant plus dangereux qu'il cache probable-
« ment un épuisement complet. Faut-il donc quitter
« tous ces biens que vous-même, Seigneur, m'avez
« donnés? Ne voulez-vous point vous contenter d'une
« partie du sacrifice? Laquelle faut-il que je vous
« immole de mes affections déréglées? N'accepterez-
« vous point l'holocauste de mon amour-propre lit-
« téraire, de mes ambitions académiques, de mes
« projets même d'étude où se mêlait peut-être plus
« d'orgueil que de zèle pour la vérité? Si je vendais
« la moitié de mes livres pour en donner le prix
« aux pauvres, et si, me bornant à remplir les de-
« voirs de mon emploi, je consacrais le reste de ma
« vie à visiter les indigents, à instruire les apprentis
« et les soldats, Seigneur, seriez-vous satisfait, et
« me laisseriez-vous la douceur de veiller au-
« près de ma femme et d'achever l'éducation de

« mon enfant? Peut-être, mon Dieu, ne le voulez-
« vous point! vous n'acceptez pas ces offrandes
« intéressées ; vous rejetez mes holocaustes et
« mes sacrifices. C'est moi que vous demandez.
« Il est écrit au commencement du livre que je
« dois faire votre volonté. Et j'ai dit : Je viens, Sei-
« gneur (1). »

Si cette idée de la mort et de la séparation était plus souvent présente à l'esprit des parents, elle aurait une grande influence sur leur conduite et sur leur caractère. Demandez à cette jeune femme toute aux plaisirs du monde, aux vanités du luxe et de la toilette, et aux jeux de la coquetterie, demandez-lui ce qu'elle deviendrait, si la perte d'un mari raisonnable et sérieux lui laissait la charge inaccoutumée de l'éducation de ses enfants ! Quelles leçons leur donnerait-elle, elle qui a tant besoin d'en recevoir? Où apprendrait-elle l'ordre nécessaire pour ménager leurs intérêts, le sérieux et la fermeté qui peuvent seuls commander le respect, la simplicité et la modestie dont elle doit leur donner l'exemple? Étrangère à son intérieur, ignorante de son ménage, ennuyée de la vie tranquille, que fera-t-elle? Les

---

(1) Journal des *Débats*, 22 mai 1855. Cette admirable prière, digne de Pascal, n'a pas été exaucée.

livrera-t-elle à l'abandon, et à la vénale sollicitude des domestiques ? Ou les entraînera-t-elle dans le tourbillon de sa vie insensée ? Heureuse si, renonçant à ces droits maternels qu'elle est incapable d'exercer, elle consent à les confier à des mains sages et bien entendues ! Plus heureuse encore, lorsque cette crise lui ouvre les yeux, lorsque les devoirs de la maternité triomphent des folles vanités de la femme, et que le soin de ces jeunes âmes lui révèle enfin la dignité de la sienne !

Comme il y a des mères qui se reposent sur leur mari du soin d'élever les enfants, se réservant seulement le plaisir de les caresser, ou quelquefois même supportant avec peine cette diversion fatigante de leurs plaisirs, il est des pères plus coupables encore, qui, trahissant le devoir impérieux que leur imposent leur autorité et leur raison, abandonnent leurs enfants à la mère, sans avoir pour eux un regard, une caresse, un avertissement : que deviendraient les enfants d'un tel père, si la mère venait à succomber ! Encore la mère, même frivole, est-elle une société pour ses enfants, et la puissance de la maternité a toujours quelque chose de bienfaisant. Mais l'homme que le goût du plaisir entraîne loin de la maison, ou qui y ramène le désordre et les vices, que peut-il pour ces créatures délicates qu'il a mises au monde ? Quelle protection, quels exemples, quels conseils, quelles récompenses aura-t-il pour elles ? Aura-t-il le courage de leur inoculer ses vices, ou espère-t-il que ses mains impures sauront protéger leur pureté ? Comment certains hommes ne comprennent-ils pas la bassesse de leur existence, en songeant qu'elle les rend indignes de la paternité ?

L'éducation ne peut rien sans l'exemple : avertissements, conseils, menaces, récompenses, tout vient échouer devant la toute-puissante influence de l'imitation. Les vertus, et malheureusement les vices, se transmettent comme les manières. L'éducation par l'exemple est la plus efficace, parce qu'elle est dissimulée. L'enfant se défie naturellement de l'autorité ; un secret instinct d'indépendance le pousse à résister à un ordre, et son orgueil ne plie pas toujours devant la tendresse. Mais l'exemple est une force dont l'enfant ne peut se défendre : il la subit sans le vouloir, sans le savoir ; ce n'est que plus tard et par comparaison qu'il reconnaît en lui-même le pli des traditions domestiques ; mais alors il est un peu tard pour s'en affranchir, et s'il a été bien élevé, sa raison prendra parti pour ses habitudes. C'est ainsi que par le mélange de la vertu transmise et de la vertu acquise, par l'imitation et par l'effort, se formera l'honnête homme qui ne doit pas moins à ses parents qu'à lui-même.

CINQUIÈME LEÇON (¹).

L'ENFANT.

Sommaire. — L'enfance. — Ses vrais caractères. Sa beauté. — L'enfance est-elle naturellement bonne ou mauvaise? Opinion de saint Augustin. — Défauts de l'enfance : défauts naturels, défauts artificiels. — De l'éducation mondaine. — Du respect et de l'amour de l'enfant pour les parents. — Rôle de l'enfant dans la famille. — Éducation morale des parents par l'enfant.

Messieurs,

L'enfant est la fin et le nœud de la famille : c'est par lui, c'est pour lui qu'elle existe. C'est la promesse de cet être nouveau, gage de la durée de l'espèce humaine, qui ennoblit le rapport des sexes; c'est la sécurité de cette créature fragile, c'est l'intérêt moral de cette âme innocente qui fixe le lien conjugal. L'enfant, c'est la vie et la vertu de la famille. Par l'enfant, la famille se rattache à l'humanité : elle lui prépare un nouveau membre, qui

(1) Cette leçon n'a pas été prononcée.

viendra à son tour payer sa dette de travail et de sacrifices.

Quelle que soit la bassesse apparente de ce petit être qui, lorsqu'il vient au monde, est à peine différent de l'animal, la philosophie ne doit point dédaigner cette première ébauche de l'humanité. Au moins doit-elle le considérer avec intérêt dès le moment où point en lui la première lueur d'intelligence. On peut dire que la vie morale de l'enfant commence avec le premier sourire, ce sourire, si doux à l'œil des parents, si indifférent aux étrangers, mais si digne d'attention et d'admiration pour l'observateur et le philosophe qui y découvrent en quelque sorte l'éclosion d'une âme raisonnable. Il y a déjà là un langage supérieur à celui des animaux les plus intelligents et les plus aimants ; n'est-il pas admirable de voir cet être si humble, si impuissant, si engourdi, déjà en possession de ce beau langage du sourire, qui sera plus tard l'expression des nuances de sentiment les plus fines et les plus déliées ? Après le sourire, vient le mouvement de tendre les bras ; le premier est le signe de la joie et du bonheur, le second est le signe de l'attachement. On voit que l'enfant commence à se sentir lui-même et à se porter vers les autres, comme aussi à s'en éloigner, lorsqu'il croit apercevoir des signes de colère et de menace. Aucun de ces petits mouvements ne paraîtra méprisable, si l'on sait y reconnaître les premiers vestiges de la personnalité. Ils nous font voir que l'enfant n'est point une machine, ni une plante, ni même un animal ; à peine né, il possède et manifeste déjà les caractères de son espèce, il a une âme et une âme douée de sentiment et de volonté : à ce titre, il ne doit pas être seulement un jouet pour les parents, un objet à parer et à montrer, mais une créature digne d'amour, qu'il faut traiter avec les soins les plus délicats.

Laissons l'enfant au berceau, dont l'histoire a été souvent faite, et par des observateurs trop habiles pour qu'il soit nécessaire d'y insister de nouveau. Nous voici en présence de l'enfant qui a quitté la lisière et qui s'est détaché des bras et du giron maternels. Je voudrais vous peindre cette créature vive, légère, passionnée, riche et puissante, mais aussi insaisissable à l'analyse du philosophe, que sa physionomie mobile au crayon du dessinateur. Pour élever l'enfance, il faut la comprendre et l'aimer. Mais pour la bien aimer, il faut savoir ce qu'elle a de vraiment beau et de vraiment aimable.

Tous les âges de la vie humaine ont leur beauté. La beauté de la vieillesse, c'est la majesté, la bienveillance pour les plus jeunes, la confiance dans la vérité et dans la vertu, non sans quelque mélange d'une douce ironie et d'un léger scepticisme. La beauté de l'âge mûr, c'est la force, le courage, le respect de soi-même et des autres, le dévouement chaleureux et la sévère expérience. La beauté de la jeunesse, c'est la générosité, l'honneur, l'amour passionné du grand, et le mépris de la lâcheté et du vice. La beauté de l'enfance, c'est l'innocence.

Il ne faut point confondre la gentillesse de l'enfance avec sa vraie beauté. D'un côté, la petitesse de la taille, la finesse des traits, la légèreté des mouvements, la grâce des formes, la fraîcheur de la voix ; de l'autre, le premier bégaiement, les essais de pensées, les reparties inattendues, les éclairs d'une imagination qui s'éveille, ont sans doute des attraits irrésistibles. Mais au point de vue moral, ce n'est pas là qu'est le plus grand charme de l'enfant. Il y a des enfants dont les formes sont lourdes et épaisses, dont l'intelligence engourdie se développe avec peine, et qui ne sont pas moins intéressants que les autres ; il en est d'autres, au contraire, qui, tout brillants qu'ils soient, font peine à voir, parce qu'ils ont cessé trop tôt d'être enfants.

On peut définir l'enfant, une personne qui s'ignore. L'enfant aime sans savoir ce que c'est qu'aimer; il a des aversions, sans savoir ce que c'est que haïr; il pense tantôt à lui-même, tantôt aux autres, mais sans réfléchir s'il pense à lui-même ou s'il pense aux autres; il obéit à ses instincts, sans les comprendre; il a quelque chose de l'attrait de la nature, qui est belle sans le savoir et sans s'enorgueillir; on sent que la vie est trop puissante en lui, pour qu'il ait besoin de l'augmenter par la réflexion. L'enfance jouit de la vie avec abandon et avec une sécurité admirable; elle est tout entière au plaisir du moment, et, selon la belle expression de Bossuet, elle tend ses voiles de toutes parts au vent qui l'enfle et qui la conduit.

Pourquoi les jeux de l'enfance sont-ils si agréables et si intéressants? C'est parce qu'ils nous révèlent une âme innocente, jouissant du bonheur avec délices et sans arrière-pensées. Voyez l'homme dans le plaisir : il n'y est jamais tout entier; ses sens sont agréablement émus, mais son imagination se tourmente; ou bien l'imagination est charmée, mais la pensée est inquiète : d'ailleurs, ses plaisirs sont d'ordinaire mêlés de réflexion; il sait qu'il éprouve du plaisir, il le savoure parce qu'il en prévoit la fin ; enfin cette incertitude même le sollicite souvent à dépasser les limites de ses besoins, à chercher des jouissances au delà du convenable et du naturel : de là les passions; or, les passions donnent toujours à l'homme quelque chose de contraint. Maintenant, regardez l'enfance; comme ses jeux sont naturels! comme ses mouvements sont sincères! comme la joie qui y éclate est pleine et franche ! comme l'âme tout entière passe dans les actions, dans les cris, dans le visage! Quelle belle image de la sérénité et du bonheur, non pas, il est vrai, de ce bonheur profond et suprême qui se connaît lui-même, et que les plus heureux ne font guère qu'entrevoir, mais d'un bonheur naïf, qui ne désire rien, qui ne craint rien, et qui ne se demande pas s'il a commencé et s'il doit finir.

Le rire de l'enfant a le même charme : il ne naît pas, comme celui de l'homme, de la vue d'un ridicule, ou d'un rapport étrange et inattendu entre les idées, mais tout simplement de la joie intérieure. Un rien fait éclater ce rire si franc, si frais, si riche en quelque sorte, et qui trahit un si profond contentement. L'homme éprouve quelquefois lui-même de ces rires d'enfant, qui n'ont point de raison, et qui sont produits par les causes les plus futiles : c'est le rire le meilleur et le plus sain, il relâche utilement les fibres de l'âme, et nous donne une idée du bonheur de l'enfance, bonheur que nous avons oublié, parce qu'il consiste précisément dans un abandon et un oubli de soi-même, qui ne laisse point de traces après lui.

Il n'y a point jusqu'aux larmes de l'enfant, qui n'aient leur attrait. Je ne parle pas de celles qui naissent de la douleur ou de la colère, mais de celles qui naissent du chagrin. La douleur, chez les enfants, est déchirante, parce qu'elle est incompréhensible, parce que la disproportion des forces et du mal fait pitié, parce que la beauté de cet âge heureux paraît en contradiction avec les souffrances dont il est assiégé. La colère de l'enfant, quoiqu'elle s'explique facilement par la faiblesse et par l'ignorance, a cependant quelque chose de choquant et de laid. Mais le chagrin de l'enfant est une des choses les plus touchantes : si peu de chose suffit pour affliger cet être mobile, que si peu de chose console ! Cette facilité d'affliction nous témoigne combien il est éloigné et ignorant des grandes misères de la vie humaine ; nous éprouvons à la fois de la compassion et du plaisir, en voyant une douleur si vive et un mal si léger. Du reste, l'enfance est tout entière dans la douleur comme dans la joie; elle a en quelque sorte une plénitude de douleur beaucoup plus rare chez l'homme fait, toujours plus ou moins distrait par quelque pensée involontaire. En revanche, la douleur de celui-ci creuse davantage, elle n'est pas en dehors, mais elle brise et corrompt l'intérieur. Chez l'enfant, la douleur a un grand éclat, elle occupe son âme un instant tout entière; mais elle ne laisse aucune trace, elle est chez lui un signe de vie, et voilà pourquoi elle nous charme en nous attendrissant.

Enfin considérez toutes les actions de l'enfant, et vous verrez qu'elles plaisent, parce qu'elles témoignent d'une nature pleine, libre, heureuse, confiante, innocente. Elle ne sait rien de la vie, elle souffre et elle pleure, sans être malheureuse; elle fait du mal sans être méchante. Je ne parle pas des exceptions que nous offre partout la nature : il est des enfants si accablés par la douleur physique ou morale, que le sentiment de la misère humaine leur vient avant l'âge; il en est d'autres, si misérablement élevés ou d'une âme si déplorablement douée, qu'ils connaissent les vices pour ainsi dire avant les passions. Mais l'enfance en général est heureuse et bonne, heureuse sans le savoir, bonne sans le vouloir ; ce qui n'est, il faut le dire, ni le vrai bonheur, ni la vraie bonté.

Des observateurs chagrins veulent déjà voir la méchanceté humaine dans l'enfant. Saint Augustin, dans un sentiment de componction exagéré, s'accuse, comme d'un crime, d'avoir mordu sa nourrice étant encore à la mamelle, et il prend de là occasion d'attaquer l'innocence des enfants. Mais il a contre lui une autorité devant laquelle la sienne même doit plier ; il a contre lui celui qui a dit : « Laissez venir à moi les petits enfants, » et encore : « Celui qui ne sera pas semblable à l'un de ces petits n'entrera pas dans le royaume des cieux. » Saint Augustin se confond en subtilités pour interpréter ce dernier passage. Il prétend qu'il signifie que comme les enfants sont petits par la taille, les saints doivent être petits par l'humilité. Mais cette interprétation alambiquée n'a aucune raison ; elle détruit le charme d'un des passages les plus exquis de l'Évangile ; elle est contraire à la tradition qui nous peint l'amour de Jésus pour les enfants ; enfin elle est contraire à la nature qui nous porte à aimer l'enfance, non-seulement parce qu'elle est gentille, gracieuse et joyeuse, mais parce qu'elle est simple, candide et ignorante.

Je ne veux pas dire que l'enfant ne fait jamais le mal, ni même qu'il ne le fait pas quelquefois volontairement. Mais d'abord, il y a diverses périodes dans l'enfance ; je ne nie pas qu'à une certaine époque l'idée du bien et du mal ne se fasse jour dans l'esprit de l'enfant, et qu'avec cette distinction ne puisse pénétrer dans son âme une certaine méchanceté volontaire ; ce moment arrive plus ou moins tard, selon les enfants ; mais chez tous, il y a une première enfance toute naïve, qui fait du mal sans le savoir, ou au moins sans le comprendre : elle peut très-bien savoir qu'une chose est mauvaise, et la faire : ce qu'elle ne sait pas, c'est pourquoi il est mal de faire une chose mauvaise. Il faut se garder en outre de juger l'enfance comme nous nous jugerions nous-mêmes. Il est des actions qui seraient très-mauvaises chez l'homme, et qui ne le sont point chez l'enfant, même lorsqu'il les fait avec intention; parce qu'il ne les accomplit pas à la lumière des principes que nous possédons. Lorsque saint Augustin dans ses *Confessions* se reproche si amèrement et avec un repentir touchant, d'avoir volé des poires dans son enfance, avec quelques espiègles de son âge, il exagère beaucoup la valeur de sa faute; car il est évident qu'il n'attachait pas à ce vol les idées d'un voleur de profession (1).

Il est vrai que quelquefois les actions des enfants ont plus de gravité. Par exemple, ce fameux vol de mouchoir que J. J. Rousseau nous raconte dans ses *Confessions*, et dont il a laissé accuser une pauvre servante. Il y avait là une action vraiment odieuse, et de bien mauvais augure pour l'avenir. Mais J. J. Rousseau nous dit lui-même qu'il eut à peine

---

(1) Madame Necker de Saussure raconte l'histoire d'un enfant qui, se trouvant dans un jardin où une caille apprivoisée courait librement à côté de la cage d'un oiseau de proie, eut je ne sais quelle tentation de saisir la pauvre caille et de la donner à dévorer à l'oiseau. Le héros de l'aventure raconte lui-même la punition qu'on lui infligea. « A dîner, il y avait au dessert grand monde ce jour-là, le maître du logis se mit à raconter la scène froidement et sans réflexion, mais en me nommant. Quand il eut fini, il y eut un moment de silence général où chacun me regardait avec une espèce d'effroi. J'entendis quelques mots prononcés entre les convives, et sans que personne m'adressât directement la parole, je pus comprendre que je faisais sur tout le monde l'effet d'un *monstre* (1). » La punition était sans doute bien choisie, et on eut raison de faire horreur à cet enfant de l'action qu'il avait commise. Mais il serait injuste de voir là le témoignage d'une cruauté naturelle ; car ce pouvait être une action irréfléchie et sans conséquence ; l'enfant n'a pas sur la cruauté les mêmes idées que nous-mêmes ; il ne voit pas les analogies qu'il y a entre la souffrance des animaux et celle des hommes, il ne songe même pas à la souffrance de la victime, et il ne voit qu'un jeu là où nous verrions presque un crime.

---

(1) Madame Necker de Saussure, *Education progressive*, l. VI, chap. IV.

12.

une enfance ; et il ne faut point juger de l'enfance en général par quelques individus extraordinaires en bien ou én mal, ni par quelques actions isolées.

J'ai dit que l'enfance, en général, est ignorante du mal ; je n'ai pas dit qu'elle n'eût pas de défauts. Mais il faut distinguer deux sortes de défauts : ceux qui tiennent à la nature même de l'enfant, et ceux qui ne sont pas de l'enfance, qui viennent d'une éducation mal entendue, ou d'une certaine disposition naturelle trop favorisée. Les premiers n'ôtent pas toujours son charme à l'enfance : il faut les combattre sans doute avec soin, mais quelquefois il est indispensable de les supporter par politique. Les autres s'introduisent souvent sous le masque de la gentillesse : ce sont ceux-là surtout qu'il faut écarter ou déraciner. Il y a par exception des enfants chez lesquels ces vices paraissent naturels; mais, en général, comme c'est nous qui les prêtons à l'enfance, il dépend de nous de les lui éviter.

Il ne faut pas toujours prendre pour les défauts les plus graves ceux qui nous sont les plus désagréables. Un enfant malpropre nous déplaît et avec raison ; mais si vous y réfléchissez, vous verrez que ce qui choque le plus dans la malpropreté des enfants, c'est qu'elle suppose d'ordinaire celle des parents ;

car pour l'enfant lui-même, il lui est bien difficile de comprendre l'intérêt que nous attachons au soin de la personne et des vêtements. Jouer lui paraît une affaire bien plus importante que de ménager ses habits. J'en dirai autant d'un enfant impoli ; la politesse n'est pour l'enfant qu'une gêne dont il ne peut comprendre la raison. Remarquez que l'enfant est tenu d'être poli envers tout le monde, et que personne n'est tenu de l'être envers lui : il lui manque donc la principale raison qui rend sensible à chacun la nécessité de la politesse, c'est-à-dire l'utilité des égards réciproques ; pour l'enfant, la politesse est un joug et rien de plus. Souvent l'impolitesse vient de la timidité. Vous contraignez un enfant à parcourir un grand cercle et à saluer chacun en particulier. S'il refuse, vous le croyez révolté, il n'est que confus. Je ne veux pas dire qu'il ne faille pas habituer l'enfant à la politesse ; mais seulement que, ne comprenant rien à la nécessité de ces égards sociaux, il n'est point étonnant qu'il y manque.

Il est des défauts plus graves, mais qui tiennent encore à la nature de l'enfance ; par exemple, la paresse et la colère. Quoi d'étonnant que cette nature impétueuse, impatiente de vivre, et qui ne sait respirer en quelque sorte que dans le bruit et le mouvement, ait de la peine à appliquer d'une manière régulière et suivie sa jeune intelligence à des matières qui ne la dépassent pas sans doute, mais qui ne paraissent avoir aucun rapport à ses intérêts et à ses besoins? Que l'enfant ne supporte pas la règle, le repos, le travail intellectuel, qu'il cherche à y échapper par tous les moyens possibles, que son imagination soit au jeu, lorsque sa main est sur le papier et ses yeux sur le livre, qui pourrait s'en étonner, lorsque l'homme mûr lui-même n'est la plupart du temps attaché au travail que par les liens de fer de la nécessité? La colère paraît moins excusable que la paresse ; mais si l'on se fait une vraie idée de l'enfance, on ne s'étonnera pas que, semblable à ces arbres vigoureux animés d'une séve intarissable, elle aime mieux quelquefois rompre que plier. Elle ne se développe que parce qu'elle possède une force d'action très-énergique ; comment pourrait-elle prévoir les obstacles, et comment n'en serait-elle pas irritée lorsqu'elle les rencontre? Où voulez-vous qu'un enfant ait puisé ce principe, que nous devons sacrifier nos désirs à la règle, à l'ordre, à la nécessité? pour arriver là, il faut qu'il passe par un très-grand nombre d'expériences, et il n'est point étonnant qu'il ne fasse point ces expériences sans opposition.

Je ne conclus point de là que la paresse et la colère soient des défauts aimables et excusables. Je me contente de dire qu'ils sont naturels. Combattez-les, luttez contre eux par la raison ou par la contrainte, par la sévérité ou par la douceur, par les leçons ou par l'exemple, enfin par tous les moyens dont nous trouvons le détail dans nos innombrables traités d'éducation. Mais ne croyez pas avoir tout fait, si en comprimant ces défauts vous avez laissé s'introduire, ou si vous avez introduit vous-mêmes des défauts plus pernicieux, moins apparents et quelquefois même agréables au premier abord, qui ôtent à l'enfance sa naïveté, et corrompant d'avance la nature morale à sa source, préparent des êtres faux, composés, impuissants, insupportables à eux-mêmes et aux autres. J'en pourrais citer un grand nombre : l'affectation, la vanité, l'égoïsme, la fausseté. Voilà les vices vraiment dangereux, non-seulement parce qu'ils font de méchants enfants, mais surtout parce qu'ils annoncent de méchants hommes.

Quoi de plus contraire à la nature de l'enfance que l'affectation? L'enfance a des grâces naturelles; qu'a-t-elle besoin de grâces apprises et composées? Il n'y a qu'un goût dépravé qui puisse aimer dans l'enfance les formes et les manières du monde. Le monde repose sur des conventions, qui ont leur raison sans doute, mais qu'il n'est pas bon de s'habituer à considérer comme des lois sacrées, aussi obligatoires et plus respectables même que les lois morales. Il n'est pas bon que le *comme il faut* paraisse supérieur au *fais ce que dois*. Sans doute l'enfance peut aussi avoir sa distinction, mais ce n'est pas la même que celle des grandes personnes. Un enfant vrai sera toujours comme il faut : voilà le principe. C'est ce qu'on oublie, lorsqu'on plie l'enfance à des façons qui ne sont pas de son âge, lorsqu'on encourage chez elle les mines et les parades, lorsqu'enfin on lui insinue comme des vérités absolues des opinions de convention, où il y a très-peu à prendre et beaucoup à laisser. On forme ainsi de ces personnes serviles pour lesquelles le qu'en dira-t-on est la loi suprême de la morale, et qui jugent toutes choses, les opinions, les actions, les caractères au ton de la dernière mode et de leur petite coterie. De quoi s'occupe le monde en général ? de comparer sans cesse les positions et les personnes ; chacun se fait honneur d'être plus que celui-ci et souffre d'être moins que celui-là. Ce faux plaisir, cette amère souffrance est la vie des personnes du monde. N'est-il pas horrible d'insinuer à l'enfance ces misérables passions, de lui apprendre à comparer, à envier, à mépriser (1)? L'enfance ne sait rien de tout cela : c'est l'âge de l'égalité et de l'indifférence. Ne lui apprenez pas trop tôt les degrés que mettent entre les hommes la fortune, la parure, la naissance, la position ; et tout en l'habituant au respect quand il convient, laissez durer autant qu'il se pourra cette naïve ignorance qui éloigne l'orgueil et la vanité.

Quelque charme qu'ait l'enfance et quelque amour qu'elle vous inspire, ne lui donnez pas trop d'importance. On parle trop aux enfants, on les fait trop parler, on les montre, on les applaudit, on les flatte, déjà on hésite à leur dire leurs vérités. Ce que l'on admire le plus dans l'enfance c'est la gentillesse :

(1) « Je me souviens qu'un jour, dit madame de Rémusat, j'admirais la robe et le pantalon de percale d'une petite fille de huit ans, dont on avait brodé et orné ce que nous appelons les garnitures avec une recherche qui sûrement devait avoir coûté fort cher. La petite, qui paraissait très-contente de voir sa toilette devenir l'objet d'un examen attentif, me répondit avec cet air demi-vrai, demi-content, qu'elle avait vu prendre à quelques femmes, qui, sur l'article de la parure, font toujours des aveux d'humilité et des déclarations de modestie toutes pleines de petits mensonges : « Cela est pourtant bien simple!... » Pendant qu'elle me parlait, près d'elle était une de ses compagnes, à peu près du même âge, dont la robe blanche n'avait aucun ornement ; et la manière dont ces deux petites filles se regardaient en ce moment ne me parut déjà plus appartenir à l'enfance, et me causa un sentiment de pitié pour l'une et pour l'autre. » (*Education des femmes*, chap. XII.)

on se travaille pour rendre l'enfant gentil, sans s'inquiéter s'il est bon. Il y a deux espèces de gentillesses : l'une qui résulte de l'innocence même de cet âge charmant, l'autre de la précoce imitation d'un âge plus avancé ; la première est délicieuse, la seconde est déplorable. Rien de plus choquant qu'un enfant qui a les manières, les mines, les phrases, la toilette d'une grande personne. Ici on ne peut trop déplorer les habitudes qu'un luxe inintelligent introduit aujourd'hui dans la parure et par suite dans l'esprit des enfants. Les hommes de goût gémissent de voir ces belles créatures dont le charme est dans la naïveté et dans l'abandon sottement affublées de parures roides, guindées, gonflées, chargées de rubans, habillées de fines étoffes, luttant d'élégance avec les personnes à la mode, et respirant avec l'âge le parfum desséchant de la vanité. On peut gâter les enfants de deux manières : par faiblesse, par trop de complaisance pour leurs petits défauts ; cette faiblesse a ses inconvénients sans doute, je ne la défends pas ; mais quand elle vient de la bonté, elle a une source trop divine pour qu'on ne lui pardonne pas aisément ; mais on gâte encore les enfants en introduisant artificiellement en eux des défauts qu'ils ne prendraient pas d'eux-mêmes, qui ne sont pas de leur âge, mais du nôtre, en les nourrissant d'idées fausses, en les affublant de nos ridicules, en admirant sottement en eux nos propres travers : voilà ce que j'appelle gâter l'enfance, c'est-à-dire corrompre à la source l'une des œuvres les plus exquises de l'auteur de la nature. Le principe d'une sage éducation est de préserver et de prolonger l'enfance dans l'enfant aussi longtemps qu'il sera possible.

On ne saurait nier qu'il n'y ait aujourd'hui dans l'éducation beaucoup de complaisance et de faiblesse pour les enfants. L'ancienne discipline domestique avait surtout pour objet de commander le respect; aujourd'hui nous sommes plus tentés d'obtenir l'amour. Est-ce un bien? est-ce un mal? La question est des plus délicates. Pour moi, il y a quelque chose de touchant dans l'intimité, la confiance, la liberté qui règnent aujourd'hui dans les familles, et je crois que certains esprits chagrins s'exagèrent beaucoup les choses, lorsqu'ils prétendent que nos mœurs de famille sont plus mauvaises que celles de nos ancêtres. La famille de nos jours a une vie très-puissante. Si le sentiment de la hiérarchie y est par trop affaibli, en revanche je crois que nos affections sont plus vives. Ceux qui voudraient changer nos habitudes de cordialité intérieure, pour y ramener un ordre plus solennel et plus contraint, nous feraient faire, je crois, un mauvais marché, si on les écoutait. Nous ne gagnerions pas beaucoup en vrai respect, et nous perdrions en attachement. Tout se tient : nous gâtons les enfants, mais nous les soignons ; autrefois, on imposait le respect aux enfants, mais on les négligeait. Il y a aujourd'hui encore des maisons où les enfants ne voient leur mère qu'à certaines heures de la journée ; cela nous paraît barbare, et avec raison. Je ne pense donc pas qu'il faille faire une révolution dans nos habitudes ; il faut tenir à ce qui est bon, sans s'aventurer à la recherche du mieux. Mais rien n'empêche que tout en aimant nos enfants, nous ne nous fassions pas leurs flatteurs et leurs courtisans ; il n'est pas nécessaire que la tendresse soit humble et la complaisance servile.

Un auteur allemand distingue deux sortes de générations d'enfants : les générations flattées et les générations battues. Ces deux générations se succèdent, dit-il, alternativement. Car chacun, trouvant qu'il a été mal élevé, emploie les moyens opposés pour l'éducation de ses enfants. Or, comme les générations d'aujourd'hui sont des générations flattées, il est à croire, dit notre auteur, que nous allons bientôt voir paraître des générations battues. Je n'en crois rien et je suis loin de le désirer ; mais si cette oscillation dont parle l'auteur nous ramenait une génération d'enfants un peu plus gravement élevés, moins parés, moins applaudis, moins idolâtrés, nous aurions, je crois, des enfants meilleurs, et peut-être à la suite des caractères d'hommes plus forts et mieux trempés.

J'ai dit qu'il ne faut pas faire à l'enfance une place trop considérable dans la société ; ce n'est pas à dire qu'ils n'en aient pas une très-importante ; mais il ne faut pas qu'ils le sachent. C'est surtout dans la famille que l'enfant est un rouage du plus grand prix. L'enfant est la protection de la famille. Il y a des ménages sans enfants, soit que la nature leur en ait refusé, soit qu'elle leur ait ravi ceux qu'elle leur avait donnés. Ces ménages sont incomplets ; quoiqu'ils échappent par là à de bien grands tourments, je ne sais s'il faut les envier ou les plaindre. Tant qu'un ménage est dans la fleur de la jeunesse, il peut se suffire à lui-même, et la plénitude du sentiment conjugal remplace ou laisse attendre l'amour paternel ou maternel. Mais plus tard, l'amour se refroidissant avec l'âge, et avec l'imagination, il n'est que trop fréquent de voir cet intérieur inanimé chercher à se réveiller par le désordre, et dégénérer en une froide et triste cohabitation, comme si l'absence d'un gage vivant d'amour autorisait le divorce et anéantissait la vertu des promesses jurées !

Un enfant est un bienfait pour la famille. Si le ménage a été formé sous l'influence d'un sentiment vif et passionné, la naissance d'un enfant y apporte du sérieux et de la gravité ; il tempère des mouvements trop impétueux, qui ne sont pas sans danger, et aux enfantillages de la passion il fait succéder des sollicitudes non moins touchantes et plus austères. Si le mariage a été formé par des raisons de convenance et de froide sagesse, l'enfant anime le ménage et y introduit la vie et la chaleur. Ainsi disparaît peu à peu la différence d'un mariage d'inclination et d'un mariage de raison. C'est une vérité paradoxale en apparence, que l'enfant rapproche les deux époux en les éloignant l'un de l'autre. Dès qu'il y a un enfant dans une famille, les parents n'ont plus guère le loisir de se regarder et de s'examiner sans cesse, soit pour se complaire, soit pour se critiquer. L'enfant, en gênant jusqu'à un certain point l'amour, prévient la satiété et l'ennui, et, en donnant un intérêt à l'indifférence, il l'élève presque jusqu'à l'amour. L'enfant est une sorte de langage entre les deux époux; ils cherchent à se plaire l'un à l'autre en lui plaisant, à se témoigner leur affection par les services qu'ils lui rendent ; pour les cœurs tendres, c'est une nouvelle et délicate expression de la passion; et pour les âmes un peu froides, c'est un supplément heureux et facile des sentiments qu'ils n'éprouvent pas.

Il n'est pas douteux que l'enfant ne développe chez le père et la mère une puissance morale qu'ils n'avaient pas auparavant. Il les attendrit et les fortifie : son sourire dilate l'âme la plus sèche ; ses besoins nous arrachent à l'égoïsme; comme il nous force de penser à lui, il nous habitue à moins penser à nous-mêmes. Ses souffrances nous déchirent, et ouvrent en nous la source de la pitié et de la compassion. Les anxiétés qu'il cause, les veilles, les alternatives d'espoir et de crainte que nous donne sa vie fragile, cette torture paternelle ou maternelle que ne peut pas même soupçonner celui qui ne l'a pas éprouvée est une école d'énergie morale dont rien n'approche. Ces nuits lentes et tristes, où l'œil fixe ne se détache pas de la figure décomposée de l'enfant, et y suit avec effroi le débat de la vie et de la mort, soit qu'elles se terminent par un dernier soupir douloureusement arraché, ou par un sourire ineffable, signe d'une résurrection inespérée, creusent l'âme jusqu'à des profondeurs inconnues et l'élèvent en même temps jusqu'aux plus hautes régions de la grandeur morale !

L'enfant n'est pas moins nécessaire à l'éducation des parents, que les parents à l'éducation de l'enfant. Les parents qui aiment vraiment leurs enfants et tiennent à honneur de ne leur donner que de bons exemples, s'observeront davantage devant les enfants, tempéreront leur humeur, retiendront une parole indiscrète, lutteront contre la paresse, et feront des efforts pour que leurs actions ne démentent pas leurs paroles. Cette habitude de veiller sur soi-même par sollicitude pour les enfants, devient insensiblement un principe de perfectionnement et d'amélioration. L'enfant ramène la paix dans un ménage en discorde, la décence et l'honnêteté dans un ménage mal réglé, l'ordre et l'économie dans un ménage dissipateur. Devant cette créature pure et innocente, les passions se taisent, les vices se cachent, la famille se purifie; et souvent, l'enfant qui croit avoir reçu la sagesse de ses parents, ne sait pas que lui-même, il est la source de leur sagesse.

SIXIÈME LEÇON.

LE FILS.

Sommaire. — Le fils hors de la famille. — Le collége. — Le monde. — La jeunesse. — Amour de l'indépendance. — Curiosité de la vie. — Principe d'action de la jeunesse : l'honneur. — Faux principes des jeunes gens en matière d'honneur : 1° Les dettes ; 2° les fausses amitiés ; 3° les faux plaisirs. — De l'esprit de famille dans la jeunesse.

Messieurs,

Nous avons parlé dans la dernière leçon du jeune enfant sans distinction de sexe : ce que nous avons dit est aussi vrai du petit garçon que de la petite fille. Mais plus tard, les différences augmentant avec l'âge, le fils et la fille donnent lieu à des considérations très-différentes. Nous traiterons du fils dans cette leçon, le prenant à cet âge où, livré à lui-même, et entraîné loin des soins de la famille, il commence à avoir la responsabilité de ses actes.

Avant d'arriver au moment où une séparation décisive s'opère d'ordinaire entre la famille et le fils, disons quelques mots d'une première séparation, dure aux mères, dure aux enfants, mais qui, malgré son impopularité, est juste, salutaire, souvent nécessaire. Je ne veux point tromper la tendresse maternelle en lui vantant les douceurs du collége, ses joies, ses jeux, ses naïfs plaisirs. Je ne dirai pas : Le collége est le plus beau temps de la vie. Non, la vie du collége est laborieuse, désagréable, et c'est par là qu'elle est bonne. Je connais les tristesses de la vie du collége, je connais ces longues heures où, tandis que l'œil est fixé sur un livre qu'on ne lit pas, l'imagination flotte et rentre au foyer domestique auprès de la mère et des sœurs. Mais le collége par ses douleurs mêmes est l'épreuve des caractères et l'école des fortes vertus. Êtes-vous sûr que votre enfant ne rencontrera jamais aucune traverse, que la vie lui sera toujours facile et douce, qu'il n'aura qu'à passer de la tendre tutelle de la mère à la douce compagnie d'une épouse, gardez-le paisiblement auprès de vous ; laissez-le jouir d'une enfance commode ; évitez-lui les rudes labeurs, la triste contrainte, la règle froide, les visages étrangers, les grandes rivalités, les jeux violents, toutes ces terreurs de la mère ; mais, si vous ne pouvez répondre de rien, et si vous n'êtes pas maître de sa vie future comme vous l'êtes de sa vie présente, ne craignez pas l'épreuve de l'éducation hors de la famille. Le collége apprend à l'enfant bien des choses utiles : la règle, car dans la famille la règle la plus stricte est encore complaisante et inégale ; le travail, car le travail dans la famille est trop facilement relâché, suspendu, interrompu ; la justice, car dans la famille la justice la plus étroite est encore mêlée de faveur ; l'émulation, car au collége tout est émulation, et celui qui n'est point le premier en thème veut être au moins le premier à la balle ou à la course ; la sincérité et la loyauté, car il n'y a rien dont les enfants ont tant horreur que de l'hypocrisie et de la délation ; la patience, car les enfants sont méchants et se tourmentent les uns les autres ; le courage, car au collége il faut se défendre soi-même, et un point d'honneur étroit interdit d'appeler le secours du maître ; l'amitié, car c'est au collége que se nouent les plus fortes amitiés ; enfin il lui apprend la vie : car là, comme dans la vie, on n'obtient que la place que l'on conquiert, personne ne vient au-devant de vous, l'enfant, comme l'homme plus tard, est livré à lui-même en face d'une règle inflexible, sans autre protection que son mérite, sa propre volonté, ses bonnes intentions (1). Voilà le collége dans sa vraie

(1) Je suis heureux de pouvoir m'appuyer ici de l'autorité d'une

idée. Mais ajoutez qu'il est loin d'être aussi dur que je le représente, que là aussi il y a des adoucissements, des tempéraments, des relâchements nécessaires ; ajoutez que le maître n'est pas toujours terrible, que la discipline s'amollit quelquefois, que le jeu et la récréation se mêlent avec le travail, que le châtiment enfin a ses rémissions. Le collége, c'est la vie, mais la vie proportionnée à l'âge de l'enfant ; c'est le monde, mais un monde meilleur que le monde proprement dit : car il est équitable et bienveillant.

Mais pour plaider la cause du collége, je suis loin d'abandonner celle de la famille. Le collége sans la famille est un système barbare et brutal auquel je préfère de beaucoup la famille sans le collége. J'ai souvent gémi en voyant des enfants venus d'au delà des mers abandonnés des années entières à la froide discipline du collége, sans autre récréation que la rare visite de quelques amis indifférents. La science est belle sans doute, mais le fût-elle plus encore, je ne sais si elle mériterait d'être achetée à un tel prix. Sans la famille, le collége n'est pas seulement un système barbare, c'est un système impuissant. La

femme, d'une mère, madame Necker de Saussure, qui discute ce point avec autant de finesse que de discernement. (*Éduc. progressive*, liv. VII, chap. III.)

famille est le point d'appui du collége : sans elle, il manque de sanction. En effet, la crainte a ses limites, et comme l'emploi de la force matérielle est justement interdit, que pouvez-vous faire craindre à l'enfant qui n'a rien à espérer ? La honte elle-même a aussi ses limites ; car l'enfant s'habitue bien vite à ne plus rougir devant ses maîtres et ses camarades, mais il faut qu'il soit bien dépravé pour ne plus rougir devant ses parents. Comme vous n'avez pas de châtiment pour l'enfant sans la famille, vous n'avez pas non plus de récompense. La plus belle récompense que désire l'enfant au collége, c'est d'en sortir. Si vous n'avez pas cette espérance à lui offrir, vous ne pouvez rien sur lui ; même la sortie chez des indifférents est encore une récompense insuffisante. Ce qui est bon, ce qui est salutaire, ce qui est la récréation du corps et de l'âme, c'est la sortie dans la famille, ce sont ces belles journées de l'enfance qu'aucune journée de la jeunesse ou de l'âge mûr ne peut effacer dans notre imagination. Ces jours-là, l'âme de l'enfant se dilate, ses bons sentiments se déploient ; un jour entier il est bon, il est doux, il est sincère, il est reconnaissant. Quand le collége n'aurait d'autre avantage que celui de faire sentir à l'enfant le prix de la famille, je l'aimerais encore pour cette seule raison. L'enfant élevé au sein de la famille jouit de ses bienfaits sans les sentir ; il considère les soins qu'on lui rend comme une dette ; il n'en est point reconnaissant, car il n'imagine pas qu'il en puisse être privé. Les gênes auxquelles on le soumet lui sont plus pénibles que les priviléges dont il jouit ne lui sont agréables. La famille n'est pour lui que la règle et la contrainte ; et le père et la mère ont à ses yeux l'impopularité qui s'attache toujours au pouvoir. Mais l'enfant au collége sent bientôt par le contraste le prix des soins de la famille, leur douceur, leur bienfaisante action ; il apprend que tout ne lui est pas dû, il est en face d'étrangers bienveillants au fond, mais froids et sans complaisance ; il est à côté de camarades jaloux et curieux et qui ne sont point disposés à se gâter les uns les autres. De là le regret et le désir de la famille : la famille n'est plus la règle et l'ennui ; elle devient la liberté, la joie, l'espoir, la consolation. L'enfant qui n'a pas quitté la famille s'y repose nonchalamment, celui qui l'a quittée s'y réfugie avec délices. Mais les congés se passent, et l'enfant retourne au collége, le cœur serré, les yeux en pleurs : la mère pleure aussi et voudrait le retenir ; mais espérez-vous donc que la nature pour votre enfant s'affranchira de ses lois, qu'elle lui épargnera, complaisante et facile comme vous-même, toutes les traverses et toutes les épreuves ? Croyez-vous qu'elle ne lui prépare qu'un chemin de fleurs et qu'il ne rencontrera jamais sur sa route ni épine, ni écueil, ni précipice ? et croyez-vous enfin être toujours là pour guider ses pas et le préserver des chutes ? Si vous ne le croyez pas, laissez donc l'enfant rentrer au collége pour qu'il y apprenne à souffrir et à supporter.

Nous voici au moment où l'enfant, devenu jeune homme, sort du collége. Que devient-il alors ? rentre-t-il dans la famille ? entre-t-il dans le monde ? Il se présente alors, messieurs, selon les différences d'état, de fortune, de circonstances, une grande variété de situations qu'il serait très-difficile de ramener à une situation unique. Les uns entrent dans les écoles spéciales, les autres continuent librement leurs études, les autres, forcés par la nécessité, prennent déjà de petits emplois ; d'autres enfin, favorisés de la fortune, se décident à ne rien faire. Puis ces situations changent avec les années ; de dix-huit à vingt-cinq ans, âge moyen où le jeune homme prend une position et s'installe dans le monde, il se fait une transformation insensible du jeune homme, et son existence décrit des phases variées dont il est bien difficile de déterminer la loi. Mais sous cette variété d'accidents et d'états il y a, je crois, un fait qui domine et qui peut être considéré comme le fait capital de la jeunesse. C'est la lutte du monde et de la famille dans l'âme du jeune homme, c'est la lutte des penchants qui l'entraînent hors de la famille et de ceux qui l'y retiennent. Il y a là une crise morale digne de l'observation du philosophe, une crise que je ne crains point d'appeler tragique, car elle est le principe de bien des destinées malheureuses.

Deux choses entraînent le jeune homme hors de la famille : c'est le besoin de l'indépendance et la curiosité de la vie.

Le besoin de l'indépendance est né avec l'homme. Dans l'enfance, il faut sans cesse le contraindre et souvent le satisfaire ; mais c'est surtout à l'époque de la jeunesse, lorsque le corps est tout formé, lorsque l'imagination s'éveille avec les passions, lorsque la pensée commence à se mouvoir et à s'essayer, c'est alors surtout que le besoin d'agir par soi-même devient irrésistible. Alors le jeune homme veut être soi, il supporte avec peine tout ce qui est prescrit, fixé, commandé ; il veut choisir ses affections, ses opinions, ses relations ; et il ronge en frémissant le frein de la contrainte. Voilà ce qui se passe dans l'âme du jeune homme, voilà ce que chacun éprouve à son tour, même les plus sages, les plus austères, les plus soumis ; et il ne faut pas croire que les choses ont changé, parce que nous avons perdu la mémoire. Pour gouverner le jeune homme, comme l'enfant, il faut le connaître et se bien rendre compte de tout ce qu'il ressent. Je vous le demande, jeunes gens, n'étaient-ce pas là les émotions qui vous agitaient, lorsque dans les derniers mois, les derniers jours, les dernières heures de la servitude, votre imagination avide, dépassant les murs du collége, aspirait avec délices les parfums avant-coureurs de la liberté ?

Le second principe qui éloigne les jeunes gens de la famille, c'est la curiosité de la vie. La vie, messieurs, lorsqu'une fois on est attaché à un certain ordre d'actions toujours les mêmes, dans un cercle circonscrit, n'a plus rien qui éveille la curiosité et l'imagination : les actions sont prévues, les événements en grande partie le sont aussi, les passions se déploient dans un espace borné, et les objets ne s'en renouvellent guère ; à mesure que l'on avance en âge, le nombre de chances possibles de changement va diminuant ; de là vient que l'on tient plus à la vie par habitude et par instinct ou par devoir que par plaisir. Il n'en est point de même à l'entrée de la jeunesse ; la vie alors, c'est tout le possible, c'est l'inconnu avec ses attraits irrésistibles ; c'est un monde d'actions, de passions, d'événements, de plaisirs que nous nous créons à volonté, et où l'imagination se promène avec un charme infini. Quel attrait pour le jeune homme de venir jouer son rôle, prendre sa place dans ce grand mouvement du monde, se mêler aux passions et aux intérêts des hommes, découvrir le fond des choses et se faire par lui-même des idées sur la vie, à la place de celles que ses maîtres lui ont enseignées et où il soupçonne toujours quelque tromperie !

Voilà ce qui entraîne le jeune homme hors de la famille ; voyons ce qui l'y rattache. C'est l'habitude, c'est une certaine honte, ce sont les souvenirs de l'enfance, c'est l'affection enfin. Mais que peut l'affection contre la passion ? le souvenir contre l'espérance ? l'habitude contre la fureur du changement ? la honte, enfin, contre cette violence impétueuse du jeune homme qui, selon Bossuet, n'a honte que de la modération et de la pudeur ? La famille est connue, le monde est inconnu ; les joies de la famille sont épuisées, et paraissent bien froides ; le monde promet des joies plus vives et toutes nouvelles. Dans cette lutte, la famille doit succomber : est-ce un mal ? est-ce un bien ?

Disons d'abord que si c'est un mal, c'est un mal presque nécessaire. La nature entraîne le jeune homme impérieusement : on peut lui résister sans doute, il est bon de le faire ; mais la vaincre entièrement est impossible. La contrainte employée sans ménagement à l'égard de la jeunesse ne réussit qu'à la condition de l'abrutir ; sans quoi il reste toujours une issue par où l'indépendance naturelle trouve à s'échapper. Il ne faut point sans doute obéir à la nature en esclave, et en justifier toutes les tendances ; mais il ne faut pas non plus faire si peu de cas de la Providence, que de lui imputer d'avoir agi dans la création des choses sans dessein et sans raison. Si elle a mis dans le jeune homme cette indomptable ardeur d'indépendance, ce besoin de mouvement, cet amour du nouveau, cette passion de vivre, ce n'est pas apparemment pour qu'une discipline impitoyable vienne lui couper les ailes et martyriser ses penchants. L'expérience prouve que les mouvements naturels comprimés mal à propos prennent leur revanche tôt ou tard, et tout ce qu'on gagne à cette répression intempestive, c'est qu'ils éclatent avec plus de violence ou qu'ils se cachent dans le secret. Entre le moment où le jeune homme échappe à la contrainte du collège, et le moment où lui-même prend position dans le monde, et devient chef d'une nouvelle famille, il se passe quelques années dans lesquelles il importe qu'il fasse par lui-même son apprentissage de la vie : comme il faudra qu'un jour il se gouverne tout seul, et qu'il se gouverne au milieu du monde, il faut bien qu'il ait appris à marcher seul, et qu'il ait fait quelque étude du monde : heureux si, dans cette étude, il a pour se guider l'expérience d'un père, ou d'un ami éclairé! mais cette expérience étrangère n'ira jamais jusqu'à lui rendre inutile l'expérience personnelle : on ne connaît bien que ce que l'on a soi-même touché, vu, senti, éprouvé.

Il est vrai que cette liberté a ses périls, et que le jeune homme livré à lui-même peut faire des fautes. Mais toute liberté a ses périls : ira-t-on jusqu'à ôter à l'homme le libre arbitre, pour l'empêcher de faillir? Si c'est une imprudence de laisser le jeune homme libre en présence des dangers du monde, il y a un être qui a été bien imprudent : c'est celui qui a créé l'homme avec la tentation et le libre arbitre, à côté du fruit défendu. D'ailleurs, ne faut-il pas qu'un jour ou l'autre le jeune homme soit libre? et s'il doit faire des fautes, ne vaut-il pas mieux qu'il les fasse à l'âge où elles sont réparables, et où elles ne compromettent que lui? et croyez-vous avoir fait preuve de sagesse en faisant passer le jeune homme de la tutelle maternelle au gouvernement d'une famille? Cette sollicitude jalouse et toujours présente, qui accompagne le jeune homme jusqu'au seuil du mariage, me rappelle ces bourrelets que l'on mettait autrefois aux enfants : ils avaient pris tellement l'habitude de ne point se faire de mal en tombant, qu'ils ne savaient plus marcher sans tomber.

Il faut donc que la mère s'y résigne, et qu'encore une fois elle abandonne son enfant, cet enfant qui une première fois s'est séparé de ses entrailles avec douleur, mais qu'elle conservait sur son sein ou sur son giron; qui une seconde fois s'est séparé de la famille avec contrainte pour aller chercher l'instruction au dehors, mais dont elle était alors la consolation, le rêve et l'espoir; qui, cette fois enfin, se sépare d'elle volontairement, avec impatience, et dont tous les désirs sont tournés loin d'elle : dernier déchirement de la mère, mais commandé par la nature, par le bien de l'enfant, par les nécessités de la vie et du monde : *Mater dolorosa!*

Voilà donc le jeune homme livré au monde ; mais il ne sait pas ce que c'est que le monde ; et il se tromperait, s'il espérait trouver en dehors de lui-même et de la famille un principe de force et de vertu. Le monde est vide, il est glacé, il est indifférent, il ne vous connaît pas ; il vous prend comme des jouets, il vous offre ses plaisirs, ses tentations, ses abîmes : si vous succombez, il vous dévore, et il continue à marcher, à courir, à danser sur vos tombeaux.

Le jeune homme dans le monde n'a pas d'autre point d'appui, ni d'autre principe de force que lui-même. Mais parmi les principes d'action qui peuvent diriger la conduite des hommes, quel est celui qui convient surtout au jeune homme? car chaque âge a ses principes particuliers. Suivant une théorie politique célèbre, il y aurait trois espèces de gouvernement, dont chacune obéit à un ressort particulier : le gouvernement despotique à la crainte, le monarchique à l'honneur, le républicain à la vertu. Sans discuter cette théorie artificielle de Montesquieu, on peut l'appliquer au gouvernement moral des âmes.

Ce qui domine dans l'enfance, c'est le principe de la crainte auquel j'ajoute celui de la tendresse : ce qui domine dans l'âge mûr, c'est le principe de la raison et du devoir, c'est-à-dire de la vertu ; ce qui domine enfin dans la jeunesse, c'est le principe de l'honneur.

Dans la jeunesse, la crainte est un mobile mauvais, dont on ne peut rien espérer : il abêtit ou il révolte. La tendresse peut produire de bons effets, mais son action n'est pas durable : en présence de sa mère, le jeune homme aura toujours de bons sentiments : mais une fois loin d'elle et rendu à la liberté, ce sentiment de tendresse est bien faible contre les passions. Quant à l'idée du devoir et de la vertu, on ne la comprend véritablement que dans l'âge viril. C'est dans le sérieux des travaux et des soins de la vie qu'on arrive à pénétrer le sens de ce grand mot de vertu dont on abuse peut-être un peu dans l'éducation, dont on ennuie les enfants avant qu'ils soient en âge de le comprendre, et qui est d'ordinaire pour eux synonyme de la gêne et de la contrainte. Le jeune homme n'a pas encore rejeté ces impressions : la vertu parle peu à son imagination, et lui semble presque ridicule à son âge. Je ne nie point que quelques âmes vigoureuses, aux prises de bonne heure avec de grandes épreuves, ne dépassent les idées ordinaires de leur âge ; mais je crois pouvoir dire que le principe qui a le plus d'action dans la jeunesse et sur lequel on a le plus de droit de compter, c'est l'honneur.

Qu'est-ce que l'honneur ? c'est un principe qui nous détermine à faire les actions qui nous relèvent à nos propres yeux, et à éviter celles qui nous abaissent. Le principe du devoir commande purement et simplement, sans qu'il soit question de nous-mêmes. Le principe de l'honneur nous détermine d'après l'idée de notre propre grandeur. La vraie vertu ne s'enquiert pas de sa grandeur; elle est grande sans le savoir et sans y penser. Quelquefois la vertu va jusqu'à exiger le sacrifice de la grandeur, et à commander l'humiliation lorsqu'on a failli. L'honneur ne va jamais jusque-là. Souvent même il nous fait sacrifier des devoirs très-graves à une idée fausse et exagérée de notre propre grandeur. L'honneur est donc un principe moral très-insuffisant et très-incomplet. Mais comme il commande des actions hautes et éloigne des actions basses, il convient merveilleusement à la jeunesse, à laquelle il ne faut pas tout demander, et où il importe surtout de sauver l'essentiel. C'est d'ailleurs un principe supérieur au désir de la réputation et même de l'estime ; car l'honneur ne demande point à être approuvé ; il a cela de commun avec la vertu, qu'il se contente en lui-même. Il est encore différent du principe de l'amour-propre. L'amour-propre consiste à s'aimer soi-même, grand ou petit, et à prendre plaisir à tous ses avantages. L'honneur consiste à ne faire état que de ce qui est grand, non pas même des grands talents ou des grands avantages de la nature, mais seulement des grands sentiments et des belles actions. La philosophie de Larochefoucauld, superficielle, quoique exprimée dans un langage profond, n'hésiterait point à dire que l'honneur est un même principe avec l'amour-propre : je le veux bien, à condition que l'on m'accordera que cet amour-propre, qui amoncelle bassement des richesses mal acquises, et qui s'en vante grossièrement, ne ressemble guère à cet autre amour-propre qui, dans une comédie célèbre de notre temps, sacrifie l'opulence et choisit la misère pour sauver le nom paternel.

L'honneur est donc un principe qu'il faut encourager dans la jeunesse, et qu'elle-même doit s'efforcer de protéger contre les attaques qui le menacent de toutes parts. Elle y est fort sensible, et, pour rien, elle ne voudrait faillir à l'honneur ; mais elle n'en applique pas les principes avec discernement : elle se fait illusion dans un grand nombre de ses opinions favorites. Qu'elle ne craigne donc point d'entendre une bonne fois la vérité.

Sur certains points, la jeunesse est très-susceptible, très-chatouilleuse en fait d'honneur : manquer à sa parole, tromper au jeu, ne pas punir une injure reçue, lui paraissent des actions honteuses et contraires à l'honneur ; mais sur d'autres points, non moins graves, elle manque de scrupules, et ne soupçonne même point qu'on puisse en avoir. Il y a par exemple trois points sur lesquels je trouve la jeunesse trop facile et trop complaisante : ce sont les dettes, les fausses amitiés et les faux plaisirs.

Je ne dirai point, messieurs, qu'il est honteux de faire des dettes, avec l'intention de ne les point payer. Ce travers si fréquent autrefois a beaucoup diminué, et est de plus en plus interdit par le code de l'honneur. D'ailleurs les créanciers savent bien se défendre eux-mêmes : quand ils sont trompés, ils l'ont d'ordinaire bien voulu ; eux-mêmes sont souvent les premiers coupables, en attirant la jeunesse par l'appât d'une horrible usure. Mais je dirai aux jeunes gens : Cette fortune paternelle sur laquelle vous hypothéquez vos folies, est-elle à vous? avez-vous le droit d'en disposer? Elle sera à vous plus tard, je le veux bien, mais en attendant est-elle à vous? Tant que vos parents vivent encore, leurs biens ne sont pas plus à vous que ceux du voisin : ils vous doivent sur ces biens le nécessaire, rien de plus. Tout ce que vous prenez au delà de leur libéralité, n'est que rapine et spoliation d'autant plus coupable, que c'est un vol dont ils ne pourront pas, ils ne voudront pas vous punir. D'ailleurs, cette fortune, la connaissez-vous? vous a-t-on rendu des comptes? lorsque vous croyez ne prendre que sur le luxe et le superflu, êtes-vous bien sûrs de ne point entamer le nécessaire? En supposant que le présent est tel que vous vous l'imaginez, répondez-vous de l'avenir? répondez-vous des catastrophes qui, d'un jour à l'autre, réduisent les fortunes en poussière? et vous consoleriez-vous jamais du malheur d'avoir été les complices de cette ruine? Je parle de ceux qui se croient une fortune : que dire de ceux qui, sachant leurs parents dans la gêne, n'ont pas honte de prendre sur leurs besoins, sur la dot de leur sœur, sur l'éducation de leur jeune frère, sur le pain de leurs vieux parents? que dire de ceux qui, après avoir épuisé la patience paternelle, et se voyant à bout de ressources, réservent une partie de leurs dettes à leur famille future, commencent la vie de famille par le mensonge et la fraude, et après avoir spolié leurs pères, n'ont point honte de spolier leurs enfants ?

Une seconde erreur de la jeunesse, c'est le peu de choix dans les amitiés. Je ne vous dirai point, messieurs, comme ce sage de l'antiquité : « O mes amis, il n'y a point d'amis. » Ne croyez pas cette triste parole. Il y a des amis, mais ils sont rares ; il faut les chercher. Ne prodiguez pas l'amitié, et surtout ne sacrifiez pas les amitiés sérieuses aux relations banales et faciles. Je ne veux point dire qu'il faille s'interdire dans la jeunesse toutes les relations qui ne sont pas des amitiés profondes et intimes ; le beau côté de la jeunesse, c'est l'ouverture du cœur et la facilité des liaisons ; mais cette facilité ne doit pas dégénérer en indifférence sur la valeur morale des hommes, et la fierté dans les amitiés convient à une âme bien née. Soyez aimables pour tous, mais n'engagez de liaisons qu'avec ceux dont vous pouvez toucher la main. Le serrement de main, ce beau langage que la nature a mis entre les hommes, ne doit pas être profané ; il est permis, quelquefois même ordonné, d'offrir la main à l'homme que l'on n'aime pas ; mais il ne doit jamais être permis de la donner à l'homme que l'on méprise.

La troisième erreur des jeunes gens est relative au plaisir. L'homme aime le plaisir ; il est bien naturel que le jeune homme l'aime : le plaisir est de son âge, il convient à cette nature vive et fraîche, qui n'a point encore éprouvé de déception et qui veut se sentir vivre de toutes les manières. Je ne condamne point le plaisir : j'aime ces belles réunions de jeunes gens où une vraie gaieté, un enjouement franc et naturel ouvre les cœurs et les dispose à l'amitié, où dans l'épanouissement et l'abandon de la nature, on se prépare des forces pour les travaux sérieux, où les imaginations sont éveillées les unes par les autres. J'aime que les jeunes gens occupent leur activité inépuisable dans des plaisirs vifs et sains en proportion avec leurs moyens. Mais ce que je n'aime pas, c'est de voir perdre en amusements puérils, sans profit pour l'âme et pour le corps, ces belles journées qui passent si vite, qu'on regrette tant, qu'on ne remplace pas, et ces heures précieuses dues au travail, dues au repos. Il y a enfin des plaisirs que la jeunesse se croit particulièrement permis, et sur lesquels elle se fait une morale à elle. Elle croit que le cœur n'a point de prix et peut s'éparpiller au hasard sans péril, sans abaissement ; elle le croit inépuisable, et après l'avoir répandu dans de vulgaires amours, elle se persuade qu'il lui en restera toujours assez pour le bonheur intime ; elle croit enfin que l'on peut se passer du cœur en amour et n'y chercher que le plaisir. Je ne veux point parler au nom d'une morale austère qui ne serait point écoutée. Mais je dirai : Êtes-vous bien sûrs, dans ces commerces d'un jour, dans ces relations faciles, de ne point laisser altérer la dignité, la pureté du caractère, êtes-vous bien sûrs de toucher à la honte sans y contracter aucune souillure ? Ce cœur que la nature a mis en vous, que l'éducation a orné, que vos maîtres ont essayé d'élever et d'ennoblir par les enseignements de la divine poésie, de la mâle éloquence, de l'austère philosophie, ce cœur vous a-t-il été confié pour le donner en holocauste à la beauté sans l'âme, ou même à la licence sans la beauté ?

Quels égarements, messieurs ! Eh quoi ! le manque de parole, une injure reçue sans être vengée, seraient contraires à l'honneur ! Et la spoliation de la famille, la profanation de l'amitié, la bassesse dans les amours, ne seraient pas contraires à l'honneur ! Où prenez-vous votre code de l'honneur ? et s'élargit-il, se resserre-t-il selon vos caprices ? Eh quoi ! tout ce qui existe a ses lois, tous les animaux ont leurs lois, les astres ont leurs lois, les peuples ont leurs lois, la Divinité elle-même, selon l'expression de Montesquieu, a ses lois, et vous croiriez avoir seuls cette prérogative de n'obéir à d'autres lois qu'à celles que vous vous faites vous-mêmes ?

Voilà tous les périls auxquels le jeune homme est livré dans le monde, et il est bien difficile qu'il n'y succombe pas, si contre ces périls il n'a pas d'autre appui que lui-même. Il est suspendu en quelque sorte dans le monde comme dans le vide, et tout tend à l'entraîner dans l'abîme, s'il n'est retenu par de fortes attaches au bien et au beau : ces attaches, ce sont les liens de famille.

La famille est la protection, l'asile, le lieu de pénitence : c'est le lieu de la régénération et du pardon ; la famille est loin, mais elle veille ; elle pense à l'enfant qui ne pense point à elle ; elle le reçoit meurtri, blessé, humilié par la vie ; elle le console, elle le relève, elle le guérit.

Je ne crains rien du jeune homme qui a conservé l'esprit de famille : plein d'amour pour ses parents, il craindra de rien faire qui puisse les faire rougir ou pleurer. Présente, la famille impose au jeune homme le respect de lui-même ; absente, il pourra l'oublier un instant ; mais une lettre du père, mais la pensée des larmes d'une mère, l'arrêteront sur la pente d'une mauvaise action (1) ; et si l'un et l'autre ont disparu, leur mémoire sera encore puissante, et il la respectera d'autant plus qu'ils ne sont plus là pour lui pardonner.

Qu'est-ce que l'esprit de famille ? C'est un mélange de crainte affectueuse pour le père, de tendresse craintive pour la mère, de respect pour tous les deux, d'admiration pour leurs vertus, de volontaire aveuglement pour leurs travers, de reconnaissance pour leurs bienfaits, de compassion pour leurs souffrances, de pitié pour leurs sacrifices. De tous ces sentiments se forme un sentiment unique et complexe, le sentiment de la vénération dont Goethe a dit : « Celui qui n'a point éprouvé de vénération dans sa jeunesse, ne sera point lui-même l'objet de la vénération dans ses vieux jours. »

L'esprit de famille éloigne le jeune homme des passions flétrissantes, et il adoucit les passions vio-

---

(1) « Quel fils s'endormira dans l'ivresse de ses joies coupables, s'il possède encore une mère qui suit ses traces en tremblant, prie en secret pour lui, et s'afflige ? » SILVIO PELLICO.

lentes ; car, dans la paix du foyer domestique, l'imagination se purifie, et le désordre des sentiments s'apaise de lui-même. Il guérit l'esprit de raillerie, car quelle raillerie ne s'arrêterait pas devant un père, devant une mère? Il guérit le mépris des grandes choses ; car celui qui éprouve de la vénération dans le sein de la famille, est disposé à admirer et à aimer tout ce qui est vénérable. Il guérit la fausse exaltation : car les idées redeviennent saines et tranquilles dans ce milieu vrai, naturel et pacifique. Il guérit l'orgueil, car involontairement la présomption s'abat et s'humilie à la table de famille sous la douce ironie des vieux parents.

A quelque degré que le jeune homme éprouve 'esprit de 'famille, rien n'est perdu lorsqu'il ne l'a pas tout à fait perdu. Il est des âmes parfaites en quelque sorte, où les sentiments de la famille ne reçoivent aucune altération de l'avénement de la jeunesse ; ils arrivent à l'indépendance, et ils se forment à la vie sans rompre avec les affections, les habitudes et la belle soumission de leur enfance. Heureuses natures, qui sont la joie, la félicité, la récompense de leurs parents. Mais ceux-là sont rares : chez d'autres, et c'est la majorité, il y a lutte entre la liberté et la famille : ils n'échappent point aux fautes, mais ils les réparent ; ils oublient souvent la famille, mais ils y retournent avec plaisir. C'est de ceux-là qu'on ne doit rien craindre, le bien l'emportera sur le mal. Il en est d'autres encore pour lesquels la famille est devenue importune, ils ne la revoient qu'avec ennui et en résistant ; un père, une mère, une sœur, sont pour eux des embarras ; et cependant rien n'est perdu encore, si cette gêne que cause la famille n'est autre chose que la honte de paraître devant elle : car cette honte elle-même, cette souffrance du vice en présence de la famille, est encore un hommage rendu à la sainteté de la vie domestique. Mais si le jeune homme en vient à ce point de ne plus craindre même cette honte, s'il en vient à présenter sans supplice son front flétri aux baisers d'une mère ou d'une sœur, si la famille l'ennuie sans le faire rougir, et si, en désirant la quitter, c'est de la gêne et non du remords qu'il veut s'affranchir, tout est perdu, à moins d'une de ces révolutions inespérées qui s'accomplissent quelquefois dans les cœurs les plus endurcis par un miracle de la Providence.

Peut-être les jeunes gens trouveront-ils que je leur ai parlé un langage trop sévère ; mais j'aurais pu employer un langage plus sévère encore, celui de la morale stricte, qui se contente de dire : Ceci se doit, ceci ne se doit pas. J'ai cru pouvoir m'adresser à l'un des sentiments favoris du jeune homme : l'honneur, et quelques-uns me reprocheront peut-être de favoriser l'orgueil de la jeunesse. Je l'avoue, je crains moins pour la jeunesse la présomption que la bassesse ; je ne crains point ce qui exalte, je crains ce qui avilit. Les événements se chargeront d'abattre l'orgueil du jeune homme, et la vie viendra assez tôt démentir ses fastueuses espérances ; mais les caractères flétris ne se relèvent pas. On peut toujours émonder un arbre trop vigoureux, mais lorsque le ver est au cœur, l'arbre est perdu sans ressources.

SEPTIÈME LEÇON.

LA FILLE (1).

Sommaire. — Difficulté de l'éducation des filles. — Des qualités naturelles et acquises. Qualités extérieures. Qualités de l'esprit. Qualités du cœur. — Qualités extérieures. De la beauté et de la laideur. De la parure. Comment elle peut fournir des leçons d'art et de morale. — Qualités de l'esprit. Esprit de réflexion. Sentiment du beau Citation de Töpffer. — Qualités morales. Innocence. Travail domestique. — Du désir de plaire et de l'usage du monde. De la raison et de la dignité morale. De la liberté dans l'éducation des filles. A quelles conditions.

Messieurs,

Vous savez d'avance de quel sujet je veux vous entretenir aujourd'hui ; je n'ai point à demander pardon de traiter un sujet si difficile et sur lequel j'aurais bien aimé pouvoir me déclarer incompétent; mais l'ordre de ces études m'y amène naturellement. Si je réussis, mes précautions sont inutiles, si je ne réussis pas, elles le sont encore davantage. D'ailleurs il est bien entendu que ces études ne sont que

---

(1) J'ai cru devoir beaucoup citer dans le courant de cette leçon. Sur une matière si délicate, je ne pouvais trop m'entourer d'autorités.

des essais, des tâtonnements, des propositions que je soumets à votre expérience pour les compléter, ou les corriger.

L'éducation des filles est une œuvre bien plus difficile que celle des jeunes gens. L'homme est toujours quelque chose de plus mêlé et de plus confus que la femme; on lui passe beaucoup de mal pour un peu de bien : pourvu que l'essentiel y soit, on est aisément satisfait. D'ailleurs, la jeunesse a ses priviléges : on ne juge point un homme fait sur ce qu'il a été jeune homme; quelques fautes qu'il commette à cette époque que l'on appelle l'âge des folies, on espère toujours qu'il les réparera, et s'il les répare, tout est oublié. Dans la jeune fille au contraire, non-seulement le mal, mais l'apparence même du mal nuit au bonheur et à la réputation de toute la vie. Il n'est point permis à la femme de passer par les fautes pour arriver à la sagesse : il faut qu'elle atteigne tout d'abord à cette vertu dont on exempte volontiers le jeune homme, pourvu qu'il soit aimable. On exige d'elle la modestie, la discrétion, la parfaite innocence; et on lui demande cependant d'être gracieuse et séduisante. On lui ordonne en quelque sorte de plaire, mais on ne lui pardonne point de se plaire trop à elle-même. Préparer la jeune fille à une vie solide et active, sans amortir le feu de son imagination, et sans comprimer sa vivacité et sa grâce, cultiver son esprit et l'initier aux belles choses sans encourager un fastidieux pédantisme ou une funeste exaltation, l'élever dans la famille et pour la famille, sans la rendre étrangère aux convenances et à l'élégance du monde, telles sont les difficiles conditions de l'éducation des femmes. Les uns, donnant beaucoup et avec raison à la solidité, l'entendent souvent d'une manière un peu étroite, n'attachent point assez de prix, je ne dis point à ce qui brille, mais à ce qui plaît, et paraissent ignorer ou dédaigner ce je ne sais quoi qui fait le charme de la femme. Les autres, plus mal inspirés encore, prennent les dehors et les apparences pour des mérites réels, travaillent à façonner des personnes élégantes et brillantes, et non pas des personnes vraiment aimables, oubliant que la grâce est une qualité de l'âme et que le charme intérieur est le seul qui attache et qui retient.

Autant il nous a paru utile et sage de confier le jeune homme à l'éducation publique, autant il semble convenable de retenir la jeune fille à l'intérieur, et de la laisser grandir sous l'œil de la mère. Dans la vie des hommes, l'instruction joue un grand rôle, et elle est une bonne partie de l'éducation : on peut donc lui sacrifier beaucoup ; or, il n'y a guère d'instruction satisfaisante que dans les écoles publiques. Mais pour les filles, l'instruction est bien moins importante ; et le fût-elle davantage, elle ne pourrait compenser le danger des éducations en commun. L'éducation froide et sèche de la règle, si convenable pour les jeunes gens, est beaucoup moins nécessaire aux filles. Il est d'ailleurs difficile de trouver au dehors une juste mesure entre le solide et l'agréable. Comme, dans les pensionnats, ce sont surtout les riches qui donnent le ton, les moins aisées y apprennent beaucoup de choses qui leur sont inutiles ; elles y apprennent surtout, ce qui est plus funeste, à imiter et à envier celles qui les surpassent par la condition.

Il y a pour chaque âge de la vie une éducation particulière. Celle de l'enfant n'est pas celle du jeune homme ou de la jeune fille. Il vient un âge où l'imagination s'éveille, où le cœur s'ouvre, où l'esprit s'enrichit d'idées nouvelles, où le monde commence à exciter la curiosité, où les chances diverses de la vie sont l'objet de nos pensées et de nos rêveries, où nous appelons le bonheur, où l'âme enfin sent des secousses qu'elle n'avait encore ni senties ni imaginées. Une froide compression doit-elle étouffer ces naïves aspirations, ou une imprudente négligence les laisser s'égarer en mouvements désordonnés? Quelle autre que la mère peut trouver, entre ces deux extrémités, la mesure juste et délicate?

Enfin, la jeune fille est élevée pour la famille. N'est-il pas évident qu'elle doit être élevée dans la famille? nul travail ne vaut pour elle le travail intérieur, nulle leçon ne vaut l'entretien de la mère et du père. Il est vrai qu'il y a des mères dont la société ne peut pas être un bien pour leurs enfants : celles-là ont raison de s'en séparer. Lorsque la famille n'est pas autre chose que le monde, mieux vaut encore l'éducation du dehors; cela ne prouve point que la fille doive être élevée hors de la maison maternelle, mais qu'il est du devoir de la mère de rendre sa maison digne du séjour de sa fille.

L'objet de l'éducation serait de former, s'il était possible, une personne parfaite, c'est-à-dire douée de tous les mérites, et de toutes les qualités qui appellent sur une femme l'estime, le respect, l'amour, l'admiration. Mais comme un tel idéal ne peut se réaliser, il faut, au moins, en demeurer le moins loin possible : il faut que la mère ait sans cesse cet idéal devant les yeux, non pour se persuader avec une partialité aveugle, que sa fille en est une image accomplie, mais pour s'efforcer de diminuer sans cesse la distance qui sépare l'image du modèle.

Parmi les qualités qui font le charme de la femme, les unes viennent de la nature, les autres sont dues à ses propres efforts, ou à une heureuse éducation. Mais celles-là mêmes qui viennent de la nature, peuvent lui être comptées comme des mérites, lorsqu'elle sait en faire un bel usage, et qu'elle y attache de nobles idées. La beauté et l'esprit ne sont point des vertus, mais peuvent devenir l'occasion de grandes vertus. Ne dédaignez donc aucune des qualités naturelles ou acquises, qui peuvent briller dans une jeune fille. Tous les dons de la nature doivent être reçus comme des bienfaits.

On peut distinguer trois ordres de qualités diverses : les qualités extérieures, les qualités de l'esprit, les qualités du cœur. Le mérite relatif de ces qualités est précisément en ordre inverse de leur apparence. Ce qui paraît d'abord, c'est la beauté, puis l'esprit, puis la bonté : et au contraire, ce qui vaut le mieux, c'est d'abord la bonté et l'innocence, puis les talents, puis les grâces. Suivons cependant l'ordre apparent, et des qualités les plus légères et les plus superficielles, passons à celles qui sont plus secrètes et plus véritables.

Je ne dirai point de mal de la beauté, je craindrais de m'attirer la réponse que fit un jour madame de Grignan, alors mademoiselle de Sévigné, à l'abbé Mousse, ardent janséniste, qui lui disait : « *Comment pouvez-vous être si fière de ce qui doit pourrir un jour ? — Voilà qui est fort bien*, répondit-elle, *mais en attendant cela n'est pas pourri.* » Cette réponse est piquante, et elle est juste. S'il faut mépriser la beauté parce qu'elle passe, il faut mépriser toutes choses ; car tout passe. Il faut mépriser la vie même qui passe comme la beauté. Si la beauté de la femme est un mensonge, la beauté du printemps est un mensonge ; car il est encore plus fragile. Le printemps passe pour renaître, dit-on ; c'est une erreur, le printemps ne renaît pas : où sont les fleurs de l'année dernière ? Ce qui renaît, c'est un printemps nouveau, comme dans le monde, à chaque saison, une beauté nouvelle vient remplacer ou effacer les beautés éteintes.

Tout ce qui peut faire du bien n'est pas un mensonge. Or, la beauté peut faire du bien (1) : car un

---

(1) « Comme l'émeraude, par sa magnifique couleur, fait du
« bien à la vue, et exerce même une certaine puissance salutaire

beau visage soutenu par le caractère peut éveiller dans quelque âme noble le sentiment de sa propre force et l'ambition des grandes destinées ; il peut aussi dans une âme troublée ramener la pudeur et la dignité. Je ne dirai donc point : La beauté est un mensonge ; mais, selon la juste observation d'une femme distinguée (1), je dirai : La beauté est un devoir : c'est une sorte de royauté, et toute royauté a ses charges. La beauté impose la bonté. Les jeunes personnes ne le croient pas d'ordinaire ; et elles confondent volontiers la bonté avec la sottise : elles ne savent pas que la bonté est la plus grande vertu de la femme, et une des plus grandes vertus de l'homme. Bossuet a dit, que Dieu en formant l'âme des héros y a mis premièrement la bonté ; ce que Bossuet ne jugeait pas indigne de l'âme d'un Condé, une jeune fille oserait-elle le croire indigne d'elle ? La beauté impose la modestie : car, si vous vous rendez à vous-même des hommages, on se lassera bientôt de vous

« sur ce noble sens, ainsi la beauté humaine agit avec une force
« plus grande encore sur le sens intérieur et extérieur : celui qui
« la contemple ne peut rien respirer de mauvais ; il se sent en
« harmonie avec lui-même et avec le monde. »
(Goethe, *Les affinités de choix*.)
(1) Mme de Rémusat, *Essai sur l'éducation des femmes*, chap. xi. — Je me suis beaucoup inspiré de ce charmant écrit, où l'esprit le plus fin s'unit à la raison la plus ferme.

en rendre. La beauté impose la grâce pour tous, car son empire n'est pas absolu : les hommes ont le goût de la révolte, et ils secouent bien vite un joug arbitraire et tyrannique. Accompagnée des grâces de l'esprit et du caractère, la beauté se fait pardonner, respecter, adorer : hautaine, capricieuse, frivole, elle peut bien atteler à son char quelques têtes vides, et quelques âmes serviles; mais elle a contre elle les hommes d'esprit, les hommes de goût et les hommes de cœur, c'est-à-dire les seuls qui comptent véritablement.

La philosophie n'est pas l'ennemie de la beauté, elle qui enseigne que la beauté de la plus frêle créature, celle d'une fleur ou d'un insecte est un reflet de la beauté invisible et incréée : mais en lui donnant une si haute origine, elle rehausse par là même ses obligations. Les avantages que nous a faits la nature ne nous ont point été donnés pour en user à notre fantaisie, et humilier ceux qui en sont dépourvus; mais ils servent de matière à nos vertus, et plus nous sommes favorisés, plus nous avons de comptes à rendre. La beauté n'est pas exempte de cette loi : elle ne doit pas se considérer, ni souffrir qu'on la traite comme une divinité ; ou, si c'est une divinité, il faut lui faire entendre le langage que

Bossuet tenait aux rois, lorsqu'il leur disait : « O rois, vous êtes des dieux, mais des dieux de chair et de sang, des dieux de boue et de poussière ! » Voilà de quoi rabattre l'orgueil de la figure, et inspirer à l'âme le désir de se soutenir par des avantages plus solides et plus estimables.

Si la beauté ne doit point enorgueillir, son contraire ne doit point désespérer. La laideur a mille moyens de rétablir la balance, et de mettre l'avantage de son côté. Si les traits du visage n'ont du prix que par l'expression, une figure moins favorisée et sur laquelle brillera la douce empreinte de l'esprit et de la bonté plaira souvent plus qu'une autre plus parfaite à laquelle manquerait cet agréable et nécessaire accompagnement. D'ailleurs, ne l'oublions pas, où est la place de la femme ? où se passe sa vie ? dans l'intérieur domestique. Or, je le demande, que font au bonheur de l'intimité quelques lignes plus ou moins correctes ? Si, par suite de l'habitude, on finit par ne plus regarder qu'avec indifférence, ou même par ne plus regarder du tout une belle image que l'on a dans son salon, combien se lassera-t-on plus vite encore d'une beauté unie à un mauvais caractère, qui ne se compose plus pour plaire, et qui réserve au monde seul toutes ses séductions? Au contraire le manque d'attraits est un petit défaut aux yeux d'un mari, s'ils sont remplacés par la grâce, l'enjouement, la tendresse : l'expression de ces sentiments sur le visage ne lui communique-t-elle pas une sorte de beauté? Ainsi l'intimité a bien vite fait disparaître la différence de la beauté et de la laideur.

De la beauté passons à l'art de la faire valoir, c'est-à-dire à la parure. Il y a ici quelque chose de plus : car la beauté vient de la nature, et la parure vient de nous-mêmes ; nous ne pouvons rien sur la beauté, si ce n'est par la parure. Mais la parure est notre œuvre et nous pouvons y montrer nos qualités ou nos travers. Il faut bien distinguer dans l'art de la toilette le luxe et le goût. Le luxe est le superflu ; le goût est presque le nécessaire. Le luxe n'est réservé qu'à la richesse, mais le goût est de toutes les classes et rétablit l'égalité. Le luxe est un accident et n'a aucun rapport à la personne ; il ne lui fait point vraiment honneur ; le goût au contraire est une qualité propre à la personne ; ce n'est point sans doute une vertu, mais enfin c'est un mérite. Le luxe d'ailleurs est une chose relative ; ce qui est luxe pour l'un ne l'est pas pour l'autre ; ce n'est pas un luxe dans une impératrice de porter des diamants, c'est un luxe pour une paysanne de porter un chapeau. Le luxe est souvent l'ennemi du goût ; et c'est une des parties du goût de bien distinguer le luxe qui convient à l'âge et à la condition. Le luxe est surtout déplacé chez les jeunes filles ; les belles choses gâtent les belles personnes. Je voudrais qu'avec la toilette seule on sût donner aux jeunes filles des leçons d'art et de vertu (1). Comme elles comprennent merveilleusement les conditions de l'art de se parer, on pourrait, à l'aide de ces simples idées, leur faire sentir et saisir des idées plus hautes. Les principes de l'art sont toujours les mêmes, dans les petites comme dans les grandes choses. Une personne qui se met bien applique sans le

---

(1) Fénelon pensait de son côté que l'on devait se servir des beaux-arts pour inspirer aux filles le goût de la simplicité dans les ajustements. « Je voudrais, dit-il, faire voir aux jeunes filles la noble simplicité qui paraît dans les statues et dans les autres figures qui nous restent des femmes grecques et romaines. Elles y verraient combien des cheveux noués négligemment par derrière et des draperies pleines et flottantes à longs plis sont agréables et majestueuses. Il serait bon même qu'elles entendissent parler les peintres et les autres gens qui ont ce goût exquis de l'antiquité.... Je sais bien qu'il ne faut pas souhaiter qu'elles prennent l'extérieur antique ; il y aurait de l'extravagance à le vouloir ; mais elles pourraient, sans aucune singularité, prendre le goût de cette simplicité d'habits si noble, si gracieuse, et d'ailleurs si convenable aux mœurs chrétiennes. »

(Fénelon, *Education des filles*, chap. x.)

savoir les mêmes principes que Raphaël ou Racine dans la composition de leurs chefs-d'œuvre. Que fait une belle personne en se parant ? Elle s'idéalise en quelque sorte : sans employer aucun mensonge, elle sait se rehausser et mettre en relief les agréments de sa personne par l'art des ajustements et l'habile combinaison des lignes et des couleurs ; elle fait sur elle-même le même travail qu'un grand peintre sur son modèle ; elle s'offre à nous non pas telle qu'elle est d'ordinaire, mais telle qu'on voudrait la voir toujours ; elle est mieux qu'elle-même sans cesser d'être elle-même. On peut donc lui faire comprendre, par son propre exemple, les conditions de l'art vrai, celui qui ennoblit et qui épure sans défigurer. On peut lui faire comprendre également ce que c'est que l'art faux, mesquin, fastidieux, par l'exemple de ces toilettes choquantes où la disconvenance des couleurs, l'abus des ornements, l'emploi des artifices et du mensonge blesse la vue et révolte le goût. La différence de l'art vrai et de l'art faux, c'est la différence de la jeune fille qui choisit avec goût les couleurs qui font mieux ressortir le virginal éclat de son teint, et de la femme qui se farde.

La parure peut encore être une école de morale ;

car si la jeune fille comprend vite que le meilleur moyen de plaire est une certaine simplicité dans la mise, une certaine grâce, une certaine harmonie, ne comprendra-t-elle pas qu'elle plaira bien mieux encore en introduisant les mêmes qualités dans le caractère ? N'y a-t-il pas aussi un art de se parer à l'intérieur et un certain goût, en quelque sorte, qui consiste dans la simplicité, dans la discrétion, dans la pudeur, et dans une harmonie générale où l'on ne remarque rien qui brille en particulier, mais où tout à la fois est charme et suavité ?

Je ne sais s'il est du devoir de la morale de condamner sans réserve le goût de la jeune fille pour la parure et pour la toilette, et de lui interdire tout ce qui n'est pas le strict nécessaire. Peut-être est-ce dépasser le but que de proscrire un des plus vifs instincts de la nature féminine : je suis bien loin de dire qu'il faille encourager ce goût ; mais je crois qu'il est bon de lui pardonner. La crainte des excès ne doit point engager le moraliste à mentir et à appeler mal ce qui ne l'est pas. Or, je ne vois pas de mal dans un innocent désir de plaire, qui, sagement dirigé et proportionné aux moyens de fortune dont chacun dispose, n'est que le désir d'être agréable et de répandre du plaisir autour de soi.

Il est vrai qu'il entre dans ce désir un peu de vanité ; mais n'en entre-t-il pas dans toutes nos affections ? Tâchons de relever ce désir par des idées élevées et nobles, et laissons ensuite la femme jouir innocemment de ses avantages, dont nous profitons ; ne soyons pas si ingrats envers la Providence que de vouloir étouffer dans sa créature le désir d'être aimable comme la nature elle-même. Mais si je pardonne à cet innocent désir de plaire aux yeux et à l'esprit, ce n'est point pour fournir des armes à ce faux désir de plaire, à cette coquetterie perfide et meurtrière, qui met sa gloire à troubler des cervelles raisonnables, et qui compte ses exploits par le nombre de ses victimes : c'est là un jeu barbare et bas, indigne de la femme dont la vraie destinée et la seule vocation est d'attacher un honnête homme, et d'assurer son bonheur en assurant celui de son mari et de ses enfants (1).

(1) « Lui interdirons-nous le désir de plaire ? Non, sans doute.. Peut-être, s'il s'agissait de la perfection absolue, serait-on en droit de demander un motif plus pur pour se rendre agréable dans le monde... Mais on est si loin de là, qu'il faut bien accepter ce qui rend la société supportable, ce qui en fait un commerce d'êtres vivants plutôt qu'une exposition de figures et de costumes, ce qui oblige enfin les prétentions orgueilleuses à s'humaniser. Il faut donc faire grâce au désir de plaire; mais condamnons la coquetterie jusque dans son degré le plus léger. » (Mme Necker de Saussure, *Éducation progressive*, liv. III, chap. vi.)

Passons aux qualités de l'esprit. Quelle direction faut-il donner à l'esprit de la jeune fille ? Jusqu'à quel point doit-elle penser, raisonner, parler, enfin dans quelle mesure convient-il qu'une jeune personne ait de l'esprit ? Nous sommes ici entre deux extrémités. Si nous conseillons à la femme ou à la jeune fille de se renfermer strictement dans les travaux du ménage, nous serons accusé de vouloir abaisser la femme, et de la réduire, comme le bonhomme Chrysale, à savoir distinguer un pourpoint d'avec un haut-de-chausses. « L'idéal de cette vie modeste et bornée, dit un spirituel écrivain, est cette excellente madame Racine, qui n'avait jamais vu représenter les tragédies de son mari, et qui ne les avait lues peut-être qu'avec le ferme propos de s'en confesser (1). » Je doute qu'un poëte de nos jours se contentât d'une compagne aussi circonspecte. Mais ce même temps où vivait madame Racine produisait aussi ces belles aventurières de la Fronde qui font encore aujourd'hui des conquêtes. Ni si haut, ni si bas ; ne sortez pas de votre intérieur, ne soyez point les écuyères de la guerre civile, n'aspirez point à trôner par la faveur d'un roi ;

---

(1) M. Ch. Rémusat, Préface à l'*Essai sur l'éducation des femmes*, par Mme de Rémusat.

mais ne restez pas étrangères aux avantages de l'esprit, aux connaissances délicates et hautes, au sentiment des beaux-arts et des belles-lettres, au charme d'une conversation distinguée.

Ce n'est point à dire qu'une femme doive être savante, ni qu'elle doive faire état de juger et de parler des belles choses. Si le pédantisme est insupportable dans l'homme, il l'est bien plus encore dans la femme ; mais il est inutile de rien ajouter à la critique de Molière. Seulement il ne faut point, sous prétexte de pédantisme, écarter de l'esprit de la femme tout ce qui peut lui donner plus d'élévation et plus d'attrait. Il ne faut pas qu'elle sache trop, je le veux bien ; mais il faudrait être barbare pour ne pas sentir le prix d'un esprit élégant et orné, d'un goût fin et délicat, d'une parole facile et choisie, et d'un sentiment élevé des beautés de l'art, de la nature et de la poésie. Or, ces avantages ne s'obtiennent pas sans quelque lecture et sans quelque instruction (1).

(1) « L'homme et la femme ont la même âme, la même destinée morale ; un même compte leur sera demandé de l'emploi de leurs facultés, et c'est à l'homme une barbarie et à la femme un opprobre de dégrader ou de laisser dégrader en elle les dons que Dieu lui a faits. Les femmes ne doivent-elles pas savoir leur religion, si elles veulent la suivre et la pratiquer comme des êtres intelligents et libres ? Et dès que l'instruction religieuse leur est,

Il faut donc, dans l'éducation des filles, tenir avec beaucoup de circonspection le juste milieu entre une réserve étroite qui éteindrait toute imagination et toute vigueur d'esprit, et une prétention fastueuse qui les chargerait d'une vaine science et les remplirait d'orgueil. Cette juste mesure est exprimée d'une manière charmante et parfaite dans ces deux pensées de Fénelon : « Apprenez-leur qu'il doit y avoir pour leur sexe une pudeur sur la science presque aussi délicate que celle qui inspire l'horreur du vice..... » « L'ignorance d'une fille est cause qu'elle s'ennuie et qu'elle ne sait point s'occuper innocemment. »

Je ne crois point qu'il soit nécessaire qu'une jeune fille apprenne beaucoup, l'important c'est de bien apprendre (1). Ce n'est pas la matière de l'in-

non pas permise, mais commandée, quel genre d'instruction, je vous prie, pourra paraître trop relevé pour elles? Encore une fois, ou la femme n'est pas faite pour être la compagne de l'homme, ou c'est une contradiction inique et absurde de lui interdire les connaissances qui lui permettent d'entrer en commerce spirituel avec celui dont elle doit partager la destinée, comprendre au moins les travaux, ressentir les luttes et les souffrances pour les soulager. Laissons-la donc cultiver son esprit et son âme par toute sorte de belles connaissances et de nobles études, pourvu que soit inviolablement gardée la loi suprême de son sexe, la pudeur qui fait la grâce. » (Victor Cousin, *Jacqueline Pascal*, p. 3.)

(1) « Les femmes, selon nous, doivent avoir du goût et de la facilité pour l'étude plutôt que beaucoup de savoir. Il n'est pas

struction qui importe, c'est l'usage que l'on en fait. Voici les deux résultats que je voudrais obtenir dans une éducation : l'habitude de réfléchir et la faculté de sentir délicatement. Les notions apprises disparaissent vite de la mémoire, excepté celles qui sont d'un usage pratique et qu'il serait honteux d'avoir oubliées. Mais ce qui ne passe pas, ce sont les qualités solides et agréables, qui se sont formées insensiblement par l'étude. Ce n'est pas la lettre des études qui importe, c'est l'esprit. Il faudrait habituer peu à peu les jeunes filles à porter leur jugement sur les choses et sur les actes de la vie, à distinguer ce qui convient et ce qui ne convient pas, à démêler le caractère des personnes, et à se conduire d'après cette connaissance, à ne recevoir enfin les maximes du monde que sous réserve, et à discerner dans ces maximes mêlées et équivoques le vrai et le faux, l'éternel et le convenu.

Quoique le goût du beau soit d'un usage moins nécessaire et moins universel que la solidité du ju-

---

du tout fâcheux que le désir de s'instruire l'emporte chez elles sur l'instruction. Tâchons de leur donner l'habitude de l'application, l'envie de saisir les idées nouvelles. Inspirons-leur même un certain goût pour lutter contre les difficultés, et faisons-leur grâce de la science. » (Mme Necker de Saussure, *Éducation progressive*, liv. XI, chap. III.)

gement, il ne faut pas croire que ce soit simplement un luxe ; si c'est un superflu, c'est un superflu charmant et presque nécessaire dans les classes distinguées. Un vrai sentiment des arts anime l'existence de la jeune fille et l'empêche de rechercher des distractions moins salutaires. Avant le moment des soins pénibles et minutieux de la famille, et dans ce loisir que donnent aux jeunes filles leur âge et l'aisance de leurs parents, il n'y a point d'occupation plus aimable et plus excellente que la pratique sentie des beaux-arts, à la condition que l'on ne prendra pas le goût pour le talent et le talent pour le génie, à la condition encore que ces ornements de l'esprit ne donneront point lieu à une vanité frivole et à un désir insatiable d'applaudissements.

Ce n'est pas seulement par l'enseignement que l'on peut former les femmes à ces nobles et élégantes habitudes d'esprit, c'est surtout par l'entretien. Mais comme l'entretien du monde est plein de maximes fausses et ne roule le plus souvent que sur des matières frivoles, c'est à la conversation de famille, c'est à l'entretien du père et de la mère que la jeune fille devra la meilleure partie de son éducation. On peut faire pénétrer dans l'esprit d'une jeune personne beaucoup plus d'idées justes par ces leçons insensibles de la conversation journalière, que par un enseignement précis et prémédité. La jeune fille se défie moins de ce qu'on lui enseigne sans apparat, et elle comprend mieux ce dont elle voit l'application dans les actions de la vie.

Je suppose une jeune personne formée d'après ces principes : elle possédera toutes les qualités qui font la femme distinguée, mais elle n'en abusera pas ; elle ne se hâtera pas de montrer la supériorité de son jugement et de son goût ; elle n'aspirera pas au bel esprit ; elle n'effacera pas ses parents par la supériorité de ses connaissances ; elle ne quittera pas la société des jeunes filles pour se mêler à celle des femmes ; elle ne prendra pas la parole en vain, et elle ne cherchera pas à éblouir par l'éclat de ses saillies. Mais si l'occasion se présente, elle laissera les grâces de son esprit parler d'elles-mêmes. Un mot heureux et fin, un sourire discret, et l'expression d'une physionomie heureuse et intelligente, révéleront à l'observateur les richesses qu'elle dissimule. Dans l'intimité, elle s'abandonnera davantage et elle fera jouir la famille et l'amitié des charmes d'une éducation élevée. Ainsi elle s'exercera peu à peu sans efforts, à cette sûreté, cet à-propos, cette grâce et cette aisance de parole qui est le charme des femmes dans la société (1).

Je ne voudrais point faire entendre de paroles dures aux jeunes personnes de notre temps Mais peut-être accueilleront-elles mieux quelques sévérités de la part d'un de leurs meilleurs amis, d'un auteur qui semble n'avoir écrit que pour elles, tant ses livres sont fins, délicats et purs, et qui a su conquérir en même temps l'approbation et l'admiration des hommes sérieux. Je veux parler du charmant auteur des *Nouvelles génevoises*, du *Presbytère* et de plusieurs autres excellents écrits. Voici ce qu'écrivait Töpffer à l'adresse des demoiselles de Genève :

(1) Au risque de faire pâlir les lignes que l'on vient de lire, nous ne pouvons nous refuser au plaisir de citer la page qui suit :
« Charmante créature et tout aimable que la jeune fille qui sait faire de ses loisirs un si doux emploi ; charmante et tout aimable, si les grâces nouvelles qu'elle acquiert dans la solitude viennent à se répandre autour d'elle comme un parfum que l'on respire sans le voir ; si, au travers du voile de la modestie, l'on devine sur son visage cette intelligence du beau, cette délicatesse de l'esprit, ce tact fin, ce sentiment poétique que développent les arts, et que révèle quelquefois un regard, un sourire, ou seulement la rougeur qui le réprime ! Un charme mystérieux attire et retient auprès d'elle ; son air attache, son silence même intéresse ; elle est recherchée entre ses compagnes, car aux grâces du corps elle unit celles de l'âme, celles qui ne vieillissent pas, celles qui demeurent quand s'envolent les autres. » (Töpffer, *Réflexions et menus propos d'un peintre génevois*, liv. I, chap. x.)

« Je ne vais pas dans le monde, mais j'en sais des nouvelles quelquefois, et j'entends dire que les honneurs de la conversation auprès des jeunes personnes appartiennent en général aux sots ; j'entends dire qu'eux seuls ont cet à-propos de niaiserie, cette abondance de phrases vides dont les jeunes personnes de nos jours, j'allais dire de notre pays, sont friandes comme d'un aliment à leur estomac, comme du seul mets qu'elles digèrent ; et cependant toutes ces jeunes personnes ont un, deux, trois, quelquefois quatre talents d'agrément ; elles causent de tout et de beaux-arts aussi.....

« Elles causent de tout, c'est vrai ; mais elles ne s'intéressent à rien, comprennent peu, ne sentent pas : c'est le fruit de leur éducation, y compris leurs talents d'agrément. A l'exception de ces principes sévères qui protègent leurs mœurs et préparent leurs vertus domestiques, tout y est surface, apparence, tout y a pour motif et pour but certains avantages extérieurs entièrement étrangers aux choses qu'elles apprennent, aux arts qu'elles cultivent. Elles lisent pour avoir lu, elles font de la musique pour briller après le thé ou faire danser les galops, elles dessinent, quelquefois pas mal, parce que c'est le ton, le signe d'une éducation comme il faut ; quoi, enfin ? parce que c'est un talent d'agrément, comme il est reçu, selon le temps, d'avoir un boa ou des manches à gigots. De là ces talents sans âme qui empruntent quelque vie de la vanité seule, talents sans utilité dans la retraite, sans racines dans l'esprit, et qui ne survivent jamais au mariage ; or, comme nous ne sommes dans la société que ce que nous nous sommes faits dans la retraite, de là aussi ce jargon sans charme et sans vie qui pour être plat ne manque ni de prétention ni de pédanterie, monnaie courante qui s'échange de préférence avec les sots, parce qu'ils en ont seuls la bourse toujours pleine, ou avec les gens sensés, parce qu'ils sont tenus de s'en procurer sous peine de rester à l'écart, chose dure, s'ils ont vingt ans et un cœur.

« ..... Que sont donc nos jeunes personnes ? jugez-les par ce que sont nos jeunes hommes, par les avantages qui dans le monde suffisent à les faire agréer. Ces avantages sont-ils les talents, l'esprit, le caractère, les qualités distinguées, lors même qu'ils s'allient à des formes agréables et polies ? On m'assure que non. Sont-ce du moins ceux qui naissent du culte chevaleresque des femmes, la galanterie noble, l'amour respectueux, délicat, le dévouement exagéré quelquefois, mais ennobli par la passion ? On m'assure que ceci n'est pas même connu chez nous. A défaut de ces avantages, sont-ce du moins ceux de la figure, une aimable gaieté, une chaleur de cœur qui répand au dehors quelque animation, quelque vie ? Oh ! non : la figure, c'est vulgaire ; l'aimable gaieté, l'animation, la vie, c'est bruyant et puis commun, familier. Qu'est-ce donc ?

« Avant tout, ce sont les avantages de condition, les titres, ou à défaut (car ils sont rares) ce qui en tient lieu : les distinctions de coteries, distinctions factices mais tranchées..... Viennent ensuite les avantages de fortune moins factices, moins tranchés aussi, mais rivaux des premiers, parce qu'ils y conduisent. Après ceux-là, que sont les autres ? Rien ou bien peu de chose. C'est la conversation sans agrément, la raillerie sans gaieté, la causerie sans finesse, le bavardage sans naturel ; ce sont les égards sans galanterie, le sentiment sans chaleur ; c'est, non l'usage du monde, mais la connaissance des usages du bal, des combinaisons du galop ; c'est, même avant cela, le maintien grave et empesé d'un fat sans gentillesse, c'est le bon ton dans la pose, dans les cheveux ; le *comme il faut* vaniteux, blasé, précieux, aux gants glacés, au claque sous le bras ; c'est... oui, ma foi ! c'est la cravate ! le mieux dressé dans toutes ces choses est le plus aimable cavalier, le sujet préféré de ces jeunes reines qui ont réduit à ces niaiseries les conditions de plaire (1). »

Nous n'avons pas pu parler des qualités extérieures et des qualités de l'esprit sans parler des qualités morales. Car les unes et les autres ne valent que par l'usage que l'on en fait : l'esprit et la beauté ne sont rien sans le cœur ; la modestie en fait le principal charme ; une innocente fierté n'est pas interdite, mais un étalage indiscret et une ostentation préméditée détruisent le prix des plus rares avantages. Il faut apprendre à la jeune fille à distinguer l'apparence et le fond des choses. Sans doute le brillant et le dehors auront toujours à ses yeux un certain prestige, et il n'est pas nécessaire qu'elle juge de tout en philosophe ; mais il importe qu'elle arrive à plus estimer le mérite que l'apparence, à désirer d'être bonne sans dédaigner d'être agréable. Il faut surtout qu'elle ait horreur de la frivolité, du mensonge et de l'égoïsme, de tout ce qui rétrécit l'esprit, dessèche le cœur, abaisse le caractère ; comme elle a peu d'initiative, il n'y a pas encore à lui demander la prati-

---

1) Töpffer, *Menus propos*, liv. I, chap. x.

que des grandes vertus, mais elle doit les posséder en germe et n'en pas ignorer le prix.

Parmi les vertus de la femme, il en est une qui paraît l'apanage particulier de la jeune fille et qui lui donne ce charme tout particulier que nous ne retrouvons déjà plus chez la femme : ce n'est point la fraîcheur du visage, la grâce de l'âge, le pétillement de l'esprit et l'éclat du talent qui plaît et qui ravit ; c'est quelque chose de plus intime et de plus délicat, c'est une grâce secrète devinée et pressentie plutôt qu'aperçue : c'est l'innocence.

Il y a deux sortes d'innocence : l'innocence qui s'ignore et l'innocence qui se connaît ; la première est celle de l'enfant, la seconde est celle de la femme : entre les deux se place l'innocence de la jeune fille, qui est le passage de l'innocence qui s'ignore à l'innocence qui se connaît. On a souvent comparé l'innocence à une fleur, et cette comparaison est toujours neuve, parce qu'elle est vraie. Eh bien ! entre le moment où la fleur naît et le moment où la fleur tombe, il y a bien des degrés. Voilà l'histoire de l'innocence dans la jeune fille. L'innocence commence avec l'ignorance, mais elle n'en est pas inséparable. L'innocence est une vertu, l'ignorance n'en est pas une, et même l'innocence ne devient vraiment une vertu qu'à mesure que décroît l'ignorance. On ne peut préserver par trop de moyens l'innocence de la jeune fille. Mais il y a deux choses qu'il ne faut point oublier : l'une, c'est que l'ignorance absolue n'est pas faite pour durer toujours, et qu'il n'est peut-être point tout à fait sage d'exposer la jeune fille à passer brusquement et sans transition du sommeil de l'enfance au réveil terrible du désenchantement ; l'autre, c'est qu'on ne peut se faire illusion au point de croire que cette ignorance, si complète qu'on la suppose, soit absolument exempte de curiosité ; et cette curiosité est naturelle, car il est bien juste qu'une créature raisonnable se demande pourquoi elle est faite, et quelle part lui est réservée dans le mouvement du monde ; et si cette curiosité ne peut être niée ou étouffée, ne vaut-il pas mieux peut-être l'éclairer pas à pas, sans jamais effleurer la pudeur, que de la laisser s'égarer elle-même dans des recherches inquiètes et mal réglées ? Pour ma part, ce que j'aime, je donne mon goût pour ce qu'il vaut, ce que j'aime, ce n'est pas précisément cette simplicité un peu sotte qui ne sait pas même rougir et qu'on ne peut guère obtenir que par une ignorance entière de toutes choses, et par une reclusion absolue de la société et du monde :

système excellent, si vous destinez votre fille au couvent, mais très-insuffisant, si vous voulez en faire une épouse et une mère; ce que j'aime encore moins, c'est cette affectation d'ignorance roide, guindée, les yeux baissés, qui voit du mal partout et donne à penser que le dedans est moins bien composé que le dehors; mais ce que j'aime dans une jeune fille, c'est cette belle tranquillité, qui, sachant un peu, ne veut pas savoir davantage, et qui attend paisiblement et en riant que la vie et le cœur lui révèlent insensiblement leurs secrets (1).

Vous devinez maintenant quel parti je prendrais dans ce débat qui s'élève entre les mères de famille : doit-on préparer par des leçons prudentes et des avertissements sérieux la jeune fille au rôle qu'elle doit remplir plus tard dans une famille nouvelle, ou faut-il garder sur ce rôle un silence systématique, écarter avec soin et préméditation toute lumière, et

---

(1) « D'autres plus sévères ordonnent une retraite absolue, ne permettant pas qu'on assiste au spectacle avant le moment d'y jouer un rôle. « Une fille, disent-elles, ne saurait trop ignorer. » Sans doute, il faut écarter de sa jeune imagination tout ce qui pourrait la souiller; mais de l'entière ignorance du mal peut résulter une sorte de niaise innocence qui ne deviendra jamais la vertu, et qui ne suffira point à conserver aux femmes cette pureté qui ne doit pas les quitter au milieu de la société même. » (M*me* de Rémusat, *Essai sur l'éducation des femmes*, chap. VII.)

faire taire toutes les questions d'une jeune curiosité en l'ajournant à un autre temps ? Je ne puis croire qu'il soit sage de livrer une jeune personne à la grande épreuve du mariage sans aucune préparation, de la laisser se créer des chimères de fausse liberté ou de passion idéale au lieu des conditions réelles de l'amour paisible et de la responsabilité maternelle. Je ne veux point dire qu'il faille chercher exprès ces sortes d'avertissements, mais je ne crois point qu'il soit nécessaire de les éviter ; et il me semble qu'une conversation maternelle, ferme, sérieuse, tranquille, sur les affections humaines, sur leur fragilité, sur les épreuves qui les attendent, sur les fautes qu'elles font commettre, serait de nature à préserver une jeune imagination mieux que la défense de tous les romans ; le plus mauvais roman est celui qu'on se crée à soi-même dans la solitude de ses rêveries (1).

Mais la plus solide préparation aux devoirs du mariage, c'est la vie à l'intérieur, la participation

---

(1) « Il est donc bien important que par des paroles plus féminines que maternelles nous ne fassions pas briller le mariage à l'imagination des jeunes filles, comme devant commencer l'ère de leur émancipation. Assurément, je ne voudrais pas que, par excès de prudence, on poussât les choses jusqu'à inspirer l'effroi; mais l'exagération en ce genre aurait encore moins de dangers. Ou le choix des parents, l'instinct de l'amour, le bonheur des circonstances rendraient les devoirs plus faciles, ou, si le sort venait

aux soins du ménage et aux occupations maternelles, le travail enfin, non-seulement le travail agréable, mais surtout le travail utile (1). Rien ne convient mieux à la jeune fille que le travail. Il occupe l'esprit à des actions précises, et ne le laisse pas s'égarer à des pensées incertaines, trop souvent voisines des pensées dangereuses. Le plus grand ennemi de la jeune fille comme de la femme, c'est l'ennui. L'ennui sollicite l'âme à demander des distractions à l'imagination, distractions qui, douces et innocentes en apparence, gagnent peu à peu jusqu'au

---

à trahir les espérances du cœur et de la raison, du moins la victime se trouverait-elle préparée au sacrifice. »

« ...Je ne conçois point comment celle à qui l'on aurait fait comprendre toutes les obligations de sa destinée offrirait à son mari moins de chances de bonheur qu'une autre ; je ne puis non plus me la représenter comme moins propre à s'accommoder aux hasards de sa situation. En effet, il faudrait en conclure que la meilleure préparation en tout consisterait à ne rien prévoir. Or il ne semble pas probable que les surprises en tout genre soient le plus sûr moyen de faire naître la résignation. »

(Mme de Rémusat, *Education des femmes*, chap. IX.)

(1) Le travail à l'aiguille est utile et même nécessaire. Cependant il faut lui préférer le travail actif, qui, en donnant du mouvement à toute la personne, ne laisse point de loisir à l'imagination. J. P. Richter a dit que l'aiguille perdait plus de jeunes filles que les romans. Madame Necker de Saussure ne désapprouve pas cette opinion. « Évitez, dit-elle, ces longs ouvrages de femme que l'on avance sans y songer, dans lesquels la rapidité des pensées augmente l'agilité des doigts et en est augmentée à son tour. » (Liv. III, chap. v.)

fond de l'âme, lui ôtent la force de vouloir et d'agir, et la livrent en proie aux passions de la jeunesse. L'activité, le soin du détail, le mouvement des idées et des occupations, voilà le remède. Il est important d'ailleurs que la jeune fille prenne d'avance des leçons de science domestique, qu'elle doit appliquer plus tard dans son propre ménage.

L'un des plus grands écueils pour la jeune fille c'est le monde. On ne peut cependant l'en éloigner absolument (1). La famille a des obligations envers le monde, auxquelles la jeune fille elle-même ne peut pas échapper. N'est-elle pas faite aussi pour vivre à son tour dans le monde, non pas sans doute pour lui donner toute sa vie, ce qui est funeste, mais enfin pour lui donner quelques-unes de ses heures de loisir ?

Les hommes ne sont pas nés pour se parquer les uns les autres comme des ennemis : ils aiment à se voir et à se distraire entre eux ; de là les réunions,

(1) « A moins qu'une haute piété n'ait porté une jeune personne à renoncer pour jamais au monde, nous préférons beaucoup que la première impression des plaisirs frivoles soit produite avant le mariage. Comment réserver pour le temps où commencent les plus grands devoirs un étourdissement d'autant plus à craindre que la mère ne sera plus là pour le modérer ? »
(Mme Necker de Saussure, liv. III, chap. IV.)

les sociétés, ce que l'on appelle enfin le monde, dont chacun prend ce qu'il peut ou ce qu'il veut, mais dont aucune loi ne nous ordonne de nous priver tout à fait. Le monde a ses périls, on le sait bien ; il n'en a pas seulement pour la jeune fille, mais pour la jeune femme, mais pour la mère de famille : il en a pour l'homme lui-même, et enfin pour le sage, pour celui qui se croit tel, ou qui passe pour tel. Que faire cependant? détruire le monde ; cela est impossible ; il faut donc apprendre à y vivre sagement, et pour cela il importe de n'en être pas tout à fait sevré : sans quoi l'amour du plaisir reprend plus tard sa revanche, et souvent aux dépens du devoir et de la maternité. D'ailleurs, le monde n'est pas aussi périlleux pour les innocents que se le persuade une sagesse étroite. C'est nous, c'est notre expérience corrompue qui voit du mal partout : l'innocence ne s'en doute pas ; elle jouit paisiblement de la vie naissante, sans rien entrevoir de ses écueils, elle goûte et respire la fleur du plaisir, elle en laisse l'amertume et le poison. Loin de considérer comme mauvais et funestes ces plaisirs si vivement aimés des jeunes filles, je les croirais volontiers sains et salutaires : car ils donnent satisfaction dans une juste mesure aux besoins de l'imagination et aux instincts de poésie qui s'éveillent dans une jeune âme et qu'il peut être dangereux de comprimer sans mesure.

Mais si je ne désapprouve pas l'usage du monde, j'en blâme de toutes mes forces l'abus et l'usage prématuré. Aujourd'hui on donne des bals d'enfants ; j'avoue que cela est joli et très-agréable à voir ; ce n'en est pas moins un mauvais plaisir. Les yeux sont satisfaits, mais l'esprit ne l'est pas. Le bal n'est pas un plaisir d'enfant, il ne convient qu'à la jeunesse. La fureur du bal avant l'âge ou après l'âge est une passion funeste ou ridicule. Lorsque la jeune fille a goûté trop tôt, trop souvent des plaisirs du monde, elle a bien vite usé ce qu'il peut fournir de plaisir naturel et sain : alors viennent les plaisirs faux, qui naissent des mauvaises passions. Au naïf désir de plaire, qui n'a d'autres armes que le prestige de la grâce naissante, succède la coquetterie calculée et déjà menteuse ; à la généreuse émulation qui ne cherche à triompher que par l'amabilité, succèdent les rivalités mesquines et basses qui se vengent de la défaite par la médisance et la calomnie, ou qui cherchent dans le triomphe moins leur propre satisfaction que l'humiliation des autres ; à ce bel enjouement qui éclate dans les yeux, dans la physionomie, dans toute la personne, qui est le signe d'une joie saine et d'un bonheur vrai, qui réjouit les yeux du vieillard et les pensées du solitaire désabusé, succède une gaieté forcée, et ce rire mondain, froid, sec, saccadé, semblable à un rire de théâtre et qui attaque les nerfs des hommes de goût. L'usage discret du monde détruit peu à peu l'enfant dans la jeune fille, et la prépare insensiblement à devenir la compagne agréable d'un galant homme ; l'abus du monde crée de ces femmes factices, reines de la mode, entourées dans les salons d'un troupeau d'esclaves, dont la beauté ne dure qu'un jour et ne se soutient que par le préjugé et l'accumulation des stratagèmes.

Je ne sais si je me trompe, mais il me semble qu'une liberté discrète et éclairée est le plus solide principe de l'éducation des filles. Il faut beaucoup se confier à la candeur naturelle, veiller, mais non comprimer, écarter, mais non contraindre. On ne peut trop protéger la pureté et l'innocence ; mais il ne faut point cependant, par une pruderie mal entendue, transformer « les plus vives et les plus involontaires créatures en machines guindées et factices, » triste espoir d'un mari, épouvantail de l'amour !

Je conviens qu'il y a de grandes différences entre l'éducation des hommes et celle des femmes : mais il me semble que, proportion gardée, on doit appliquer de part et d'autre les mêmes principes. Il importe que la femme, tout comme l'homme, apprenne à se gouverner elle-même, c'est-à-dire à faire usage de sa raison pour se conduire. Ce n'est pas faire honneur à la femme que de la mener par la routine, lorsque l'on cherche à former l'homme par le raisonnement. Ce que l'honneur est pour l'un, la dignité l'est pour l'autre. Discerner le bien du mal, toute la science de la vie est là. Or, ce discernement ne vient que de la raison. Le cœur même n'est pas un juge irrécusable. « Le dévoue-
« ment, le sentiment, la sympathie sont des appuis,
« des attraits, des suppléments de la morale, mais
« ils n'en sont rien moins que le principe. Un grand
« péril attend celle qui croit que les impressions
« d'une âme bien née sont toujours des devoirs : il
« n'en est pas ainsi ; les femmes seraient trop heu-
« reuses (1) ! »

Mais c'est aux jeunes personnes de se rendre dignes de cette éducation noble et sérieuse, et de prouver qu'on a raison de ne pas les traiter comme des en-

(1) Mme de Rémusat, chap. xi.

fants ou comme ces jolis oiseaux que l'on met dans des cages dorées. Si l'on ôte quelque chose de la gêne et de la contrainte, elles doivent le remplacer par leur propre discrétion. Si l'on permet la culture à leur esprit, elles doivent le mériter par la modestie et la réserve. Si on leur donne des lumières sur la vie et sur leur destinée, elles n'en doivent pas prendre avantage pour juger témérairement de toutes choses, mais au contraire apporter plus de réflexion et de solidité dans leurs opinions. Enfin, elles ne doivent point oublier, que comme il y a une pudeur de science, il y a aussi une pudeur de liberté qui doit être conservée même dans les choses les plus permises.

Que si, malgré ces derniers conseils, on trouvait cette morale trop confiante, il faut la pardonner au philosophe qui, ne sortant guère de son cabinet, et désirant ardemment que la nature humaine soit bonne, se persuade volontiers qu'elle l'est en réalité. Si une telle illusion est pardonnable, n'est-ce point lorsqu'il s'agit de la jeune fille, cette charmante création de la nature, où il semble que ce soit une impiété de supposer un penchant naturel vers le mal? D'ailleurs, tous ces principes seraient vains, stériles et funestes, si l'application n'en était conliée aux soins d'une mère vigilante et prévoyante, qui connaît le cœur de sa fille mieux que tous les philosophes du monde, grâce à cette divine tendresse maternelle qu'aucune leçon ne peut remplacer.

HUITIÈME LEÇON.

LE FRÈRE ET LA SŒUR.

Sommaire. — Retour sur la leçon précédente. — Définition de l'amour fraternel : amitié naturelle. — Des caractères de l'amitié : tranquillité, précision, égalité. Mêmes caractères, mais à un plus haut degré, dans l'amour fraternel. — De la confiance fraternelle. — Éducation des frères les uns par les autres. — Des sœurs. — Analyse de l'amitié entre frère et sœur. — De la différence des âges. — Du droit d'ainesse. — Devoirs de l'amour fraternel. Une page de Silvio Pellico.

Messieurs,

Avant d'aborder le sujet de cette leçon, permettez-moi d'ajouter deux mots à la leçon précédente, pour la compléter et la bien faire comprendre. Ce que j'ai eu à cœur d'établir, c'est que le vrai principe dans l'éducation des filles, sauf exception, est une noble confiance. Mais il y a ici deux observations à faire. La première, c'est que la confiance n'est pas l'abandon : le principe du laisser faire et du laisser passer peut être excellent en économie politique, mais c'est un mauvais principe d'éducation. L'éducation est un art, et ne rien faire n'est pas un art ; tout art suppose le choix ; et choisir c'est écarter. Donner toute liberté à la fille, c'est rendre inutile le rôle de la mère ; or, j'ai précisément voulu substituer le sentiment, l'instinct, la prudence de la mère aux règles plus ou moins étroites de la convention.

Ma seconde observation est celle-ci : la confiance de la mère appelle nécessairement la confiance de la fille, et la vraie éducation est celle qui repose ainsi sur une confiance réciproque. En effet, la mère serait dupe, si, tandis qu'elle abandonne quelque chose de ses droits, et essaye par une confiance habile d'habituer la jeune fille à se gouverner elle-même, la fille, de son côté, réservait ses sentiments, ses pensées, tout son intérieur. Plus la jeune fille est libre, moins il convient qu'elle ait d'arrière-pensées, plus elle doit s'ouvrir à la tendresse maternelle et se laisser voir tout entière. Mais la confiance n'est pas seulement la sincérité, c'est encore la docilité. Car il y a une confiance qui consiste à s'ouvrir et à se déclarer ; il y en a une autre qui consiste à croire et à écouter. Il ne suffit pas que la jeune fille ait de la confiance pour sa mère, il faut encore qu'elle ait confiance en sa mère. Il est bien vrai qu'il est sage d'introduire quelque liberté dans l'éducation des filles ; mais il n'est point vrai qu'elles soient elles-mêmes juges de cette liberté. La jeune fille doit jouir ou se priver avec tranquillité, persuadée que sa mère juge mieux qu'elle ce qui lui est utile : car savoir ce qui convient et ce qui ne convient pas est le fruit de l'expérience, et elle est sans expérience ; c'est le résultat de la vie, et elle apprend à vivre. Qu'on ne se méprenne donc point sur ma pensée : j'ai soutenu le système de la liberté légale, mais non le droit d'insurrection.

Poursuivons maintenant notre sujet : il semble qu'il soit épuisé. Nous n'avons pas cependant tout dit : après le rapport du mari et de la femme, des parents et des enfants, il reste le rapport des enfants entre eux ; et après avoir étudié le fils et la fille, nous devons traiter du frère et de la sœur.

Si je voulais définir l'amour fraternel, je dirais que c'est une amitié naturelle. Connaissant bien les caractères de l'amitié, nous posséderons les principes de l'amour fraternel. Parlons donc d'abord de l'amitié en général. Aussi bien n'est-ce pas nous écarter de notre sujet : car l'amitié est un élément extérieur, mais important, de la famille et joue un grand rôle dans l'éducation.

L'amitié est un sentiment paisible, du moins par rapport à nos autres sentiments ; car il n'y en a point qui soit absolument paisible. Tout sentiment est un mouvement et donne à l'âme une certaine agitation. L'amitié a donc, comme les autres sentiments, ses inquiétudes, ses ennuis, ses déceptions, ses blessures, ses retours, ses oscillations ; mais en elle-même, et à part les accidents qui peuvent la troubler, l'amitié donne la paix : elle consiste dans une telle union des âmes, qu'elle est en quelque sorte insensible. Dans la vraie amitié, les amis ont à peine besoin de se témoigner qu'ils pensent l'un à l'autre ; ce n'est que dans les commencements de l'amitié ou dans son ébranlement qu'un tel soin devient nécessaire. L'amitié est un sentiment plus paisible que l'amour paternel ou maternel ; car celui-ci, même lorsqu'il est heureux, est toujours un sentiment inquiet, tant est grande la responsabilité qui s'y attache ! Elle est plus paisible que l'amour proprement dit, parce que l'imagination y a moins de part, et que les sens n'y en ont aucune ; elle est plus paisible même que le sentiment religieux qui donne, il est vrai, de bien plus grandes espérances, mais aussi de plus grandes terreurs. Ainsi la paix est un des caractères de l'amitié, et elle contribue ainsi beaucoup à notre bonheur, si, comme nous l'avons dit, la paix est un élément du bonheur.

L'amitié est un sentiment précis : je veux dire qu'elle a un objet déterminé. Nous aimons une personne en particulier, telle qu'elle est, avec ses qualités et avec ses défauts, et quelquefois pour ses défauts. Il n'en est point de même de tous nos sentiments. Il en est de très-grands, de très-purs, de très-certains, qui ne s'adressent point à un objet précis et caractérisé, mais à un objet vague et abstrait qui ne tombe point sous les prises de l'imagination et des sens, ni même de la pure raison. Par exemple, le sentiment du beau a bien, il est vrai, un objet réel, mais qui ne présente rien de net à l'esprit, tant qu'il ne se réalise pas dans quelque objet particulier. Aussitôt qu'un objet où réside le beau se présente, l'esprit le reconnaît et l'imagination s'y attache immédiatement ; mais ce n'est là qu'une satisfaction particulière et passagère : le sentiment du beau est plus vaste, il s'applique à tout le possible, et, à moins qu'il ne se confonde avec le sentiment religieux, il reste dans la région des sentiments indéterminés. L'amour de la patrie est encore un sentiment de même nature ; à quoi s'adresse-t-il ? A un sol que nous n'avons jamais vu, que notre imagination ne peut embrasser d'un coup d'œil et qui est enfermé entre des limites mobiles et arbitraires : à quoi s'adresse-t-il encore ? à une langue qui se diversifie en un nombre infini de dialectes, et qui se caractérise diversement suivant les lieux par l'accent : à quoi encore ? à un nom. Nous aimons vaguement, sans nous en rendre compte, tous ceux qui portent ce nom, qui habitent ce sol, qui parlent cette langue ; leur histoire nous intéresse plus que toutes les histoires, leur avenir se confond avec notre propre avenir, nous partageons leurs espérances et leurs tristesses, lors même qu'elles ne nous atteignent pas directement : ainsi nous souffrons avec une armée exposée sur le sol ennemi à la cruelle décimation de la fatigue, de la maladie et du feu. Peut-être n'y avons-nous ni parents ni amis, quelques noms surnagent à peine du nombre des victimes ; le reste est englouti par la gloire et par l'oubli. Voilà un sentiment sans objet précis, un sentiment indéterminé. Il y en a un autre plus vaste encore : c'est celui qui attache l'homme à l'homme, sans distinction de pays ni de temps ; c'est un sentiment plus vague que le précédent, et cependant il n'est pas moins réel : il dort dans la tranquillité de la vie habituelle ; mais qu'une catastrophe soudaine vienne frapper sur un coin quelconque de la surface du globe une partie de la race humaine, il y a en nous un serrement de cœur qui témoigne du lien qui nous attache aux victimes. Cela est si vrai que nous souffrons encore avec ceux-là mêmes dont le patriotisme nous force à souhaiter la ruine. Et ne croyez point que ces deux sentiments mis en présence s'étouffent nécessairement l'un l'autre. Non, car ces mêmes hommes qui se tuent sans pitié dans les cruelles nécessités du combat, se donnent la main dans l'intervalle et, après la lutte, se rendent leurs morts et étanchent réciproquement leurs blessures. Voilà les sentiments qui, tout en ayant dans l'âme humaine un point d'appui certain et nécessaire, ne se rapportent à aucune personne en particulier, mais à un ensemble d'êtres en général. L'amitié, au contraire, a toujours un objet particulier, et le distingue entre tous les autres.

Le dernier trait que je veux signaler dans l'analyse de l'amitié, et qui a été remarqué par un des plus grands moralistes de l'antiquité, Aristote, c'est l'égalité. Qui dit amis, dit égaux : quelles que soient les inégalités extérieures, l'amitié suppose entre deux amis mêmes droits et mêmes devoirs. Celui qui exige plus qu'il ne donne est un maître, et celui qui donne plus qu'il n'obtient est un serviteur. L'essence de l'amitié est que chacun donne sans exiger : mais cela n'est vrai qu'à condition que l'un et l'autre suivront la même maxime et qu'en cela même il y aura égalité. Cette égalité absolue, qui est l'essence de l'amitié, ne se rencontre pas dans d'autres sentiments. Dans l'amour paternel ou filial, le sentiment repose au contraire sur l'inégalité : l'amour du père sur la supériorité, l'amour du fils sur la dépendance. Si l'on dit quelquefois que le père est le meilleur ami du fils, c'est une forte expression qui indique jusqu'à quel point le père aime le fils, puisqu'il oublie sa supériorité pour se rapprocher de lui et le traiter en ami : chez le père, l'amitié n'est que condescendance et générosité. Lorsque l'on dit que le père doit espérer de trouver plus tard en son fils un ami, c'est encore une forte expression qui signifie que le fils, échappé à la tutelle paternelle, et jouissant à son tour des avantages de l'âge, tandis que le père redescend peu à peu à l'infirmité de l'enfance, doit lui rendre en amour respectueux ce qu'il ne lui doit plus en obéissance. Il n'y a pas d'égalité non plus dans le sentiment religieux : car là il y a une distance infinie entre le sujet et l'objet du sentiment ; et si l'on dit que la Divinité est l'amie de l'homme, c'est pour faire sentir plus fortement à l'homme à quel point il est aimé et favorisé de l'Être suprême.

Tous ces caractères conviennent à l'amour fraternel, avec cette différence que l'amitié ordinaire naît du choix, et qu'entre frères elle vient de la nature. Il semble que la nature, prévoyant les méprises et les mécomptes que nous sommes exposés à rencontrer dans nos amitiés, ait voulu nous assurer quelque amitié infaillible où l'instinct, le sang, l'habitude, déterminent l'inclination, et qui ne puisse être rompue par la fantaisie, la lassitude et le hasard.

Mais de cette différence générale naissent quelques différences particulières. Ainsi, l'amour fraternel est un sentiment encore plus paisible, plus précis et plus favorable à l'égalité que l'amitié ordinaire.

Le rapport des frères entre eux est un rapport naturel et par là même déterminé : un frère est toujours frère ; mais le rapport entre amis est indéterminé ; il y a mille degrés dans les relations humaines, et il est impossible d'établir précisément où commence l'amitié. Le sentiment fraternel a donc un point d'appui fixe ; l'amitié ne repose que sur elle-même et sur le hasard des inclinations. Le sentiment fraternel sait toujours exactement où il en est; l'amitié ne le sait jamais, tant que quelque circonstance particulière et quelque action précise n'est pas venue donner une sanction au lien qui unit les amis. Ainsi l'amitié n'ayant ni la précision qui vient de la nature, ni celle qui naît d'un contrat solennel, d'un engagement légal ou religieux, livrée, abandonnée à l'appréciation de l'individu, est toujours plus ou moins flottante entre la simple connaissance et la parfaite intimité.

Ce caractère de précision que l'amour fraternel a de plus que l'amitié proprement dite, lui donne évidemment plus de solidité et de tranquillité. Comme on ne peut fixer le degré précis de l'amitié, on ne peut jamais s'assurer jusqu'à quel point on doit compter sur elle; il reste donc toujours une sorte de doute et par conséquent une certaine inquiétude. L'amour fraternel, au contraire, sait qu'il a droit de compter sur la réciprocité. Je ne veux point dire qu'il n'y ait point de mauvais frères qui ne valent pas de bons amis; mais, en principe, l'amour fraternel, s'appuyant sur la nature, est plus paisible et donne moins d'inquiétude que l'amitié.

Si vous faites abstraction de la différence des âges, vous trouverez enfin qu'il y a dans l'amitié fraternelle plus d'égalité que dans l'amitié ordinaire. Car les frères naissent dans l'égalité des conditions. Les amitiés nouées dès l'enfance se forment souvent en dehors de cette égalité; c'est là sans doute un grand bien, car, quoiqu'il soit vrai que l'ordre de la société repose sur la différence des états, il est bon que ces différences secondaires et artificielles soient compensées et comme effacées au moins pour un temps par un sentiment qui rétablit la fraternité naturelle. Mais cette inégalité dans les conditions finit toujours par affaiblir l'amitié ou la rendre plus difficile. Cette difficulté n'existe pas entre frères, qui, nés dans la même fortune, exposés aux mêmes privations, ou jouissant des mêmes avantages, ne rencontrent rien qui fasse obstacle au sentiment naturel qui les attire l'un vers l'autre. Il est vrai que les vicissitudes de la vie détruisent souvent cette égalité primitive; mais le pli est pris, les habitudes sont contractées. Le sentiment peut s'attiédir par suite des séparations et par la différence des intérêts; mais appuyé sur le souvenir, les premières habitudes et la force du sang, il se retrouve quand il le faut et dans les occasions pressantes.

L'amour fraternel est donc la plus forte des amitiés; et si nous conservons toute la vie une affection fidèle à ceux qui dans l'enfance ont partagé nos jeux, nos plaisirs et nos études, quelle amitié ne devons-nous pas avoir pour ceux qui, avant la naissance, ont habité les mêmes entrailles que nous et ont été nourris du même sang ?

De la parfaite égalité naît la confiance. La confiance ne peut guère pleinement exister entre des personnes ou d'un âge différent, ou séparées par une inégalité naturelle, par exemple, entre le fils et le père, et même entre la fille et la mère. Le respect même qui s'unit à l'amour empêche une confiance absolue. Sous ce rapport l'amitié en général et l'amitié fraternelle en particulier favorisent davantage l'ouverture du cœur.

Or il n'y a rien de meilleur pour l'âme que la confiance et l'ouverture. Il y a des natures tristes et concentrées, pleines de bons sentiments intérieurs et de bonnes pensées, mais qui, par honte, par timidité, par respect humain, éprouvent de la peine à les épancher : c'est un état fâcheux de l'esprit et du caractère. L'habitude de la taciturnité et de la concentration produit à la longue l'aigreur et la misanthropie ; de bons germes non épanouis finissent par se gâter et corrompre de proche en proche un bon naturel. Souvent les parents gémissent en voyant de telles natures, dont ils ne devinent point ce qu'ils doivent craindre ou espérer. Le meilleur remède d'un tel mal, c'est la confiance d'un ami ou d'un frère. Dans la liberté des jeux, dans le bavardage de l'enfance ou de la première jeunesse, dans l'excitation réciproque, ces natures se brisent, s'ouvrent et s'échappent; rien n'est sain comme ces épanchements du premier âge; les bons sentiments qui n'ont point honte de s'exprimer au dehors en deviennent meilleurs : ils prennent plus de force, par cela même qu'ils ont été exprimés. La parole engage, et une bonne parole est comme une devise à laquelle il semble qu'on soit particulièrement obligé, et à laquelle on consent de dévouer sa vie. L'âme éprouve une vive satisfaction et une joie intérieure, lorsqu'elle a eu le courage de vaincre cette honte ridicule qui nous rend pénible l'énonciation d'une bonne pensée. Que le jeune homme ne craigne donc point de livrer à son frère le secret de ses bons sentiments, qu'il ne craigne point de s'engager en quelque sorte devant lui à la pudeur, à la modestie, au travail, aux vertus juvéniles; qu'il n'ait pas même honte de confier, de laisser échapper ce qu'il peut y avoir en lui de moins bon, de moins pur. Un mauvais sentiment, nourri à l'ombre de la réflexion intérieure, s'enfonce, s'aigrit, se familiarise avec lui-même, et finit presque par paraître innocent et naturel. Souvent il devient une habitude, il dégénère en passion, en maladie. S'il s'épanche, il commence à douter de lui-même ; ce qu'il a de honteux disparaissait dans la complaisance de l'imagination, mais devient sensible en présence de l'amitié, même indulgente ; exprimé, il cesse de vous excéder, c'est comme une satisfaction qu'on lui a donnée et dont il se contente. Ainsi, Goethe, avant d'écrire *Werther*, était possédé, dit-on, de la manie du suicide ; il écrivit *Werther* et fut guéri. Il n'est pas donné à tout le monde d'écrire un livre pour se débarrasser de ses mauvaises pensées. Mais cette confiance exagérée de la jeunesse, qui dit tout, le mal comme le bien, n'est pas sans avoir son bon côté, pourvu qu'on n'en abuse point, pourvu que cette confiance ne soit point la vanterie fanfaronne du vice, pourvu surtout qu'elle ne soit pas le prosélytisme de la corruption.

Tout en célébrant les avantages de la confiance, je ne voudrais pourtant point trop encourager un goût naturel à la jeunesse, le goût des confidences. Sans doute, il est des confidences heureuses, faites à qui il convient et en temps opportun, qui peuvent souvent trancher une situation difficile ; mais souvent aussi les confidences compliquent plus les affaires qu'elles ne les dénouent ; il faut éviter autant que possible d'introduire dans la vie le secret, le mystérieux, le romanesque ; il faut vivre avec simplicité. Or, les jeunes gens aiment les confidences inutiles, parce qu'ils aiment donner de l'importance à ce qui n'en a pas, prêter un corps à des sentiments ou à des idées qu'ils feraient mieux d'écarter de leur esprit. La parole engage, avons-nous dit : elle peut, selon l'occasion, être une sorte de déversoir où s'échappent des sentiments impuissants, ou un moule qui leur donne une forme et du relief. Il n'est donc pas toujours bon de dire tout ce que l'on a sur le cœur ; mais il faut tâcher de n'avoir sur le cœur que ce que l'on peut dire.

De cette facilité de confiance qui existe entre frères, les parents peuvent tirer un excellent parti pour l'éducation. Il y a, en effet, en nous, une disposition singulière et digne d'être remarquée : c'est qu'il suffit qu'un avertissement, une instruction, un ordre, nous vienne d'une autorité pour nous inspirer de la défiance. On lui suppose toujours des arrière-pensées, et, tout en l'écoutant, tout en lui obéissant, on réserve son adhésion ; et, ainsi, l'obéissance n'est pas complète ; car la vraie obéissance est celle qui ne réside pas seulement dans l'action, mais dans le cœur. Une maxime proposée négligemment en conversation pénétrera plus sûrement dans l'âme de l'enfant qu'une maxime qui se présente au nom de l'autorité paternelle. De même beaucoup de choses qui, dites par le père ou par le maître, seraient difficilement acceptées de l'enfant ou du jeune homme, seront reçues, écoutées et peut-être pratiquées, si elles viennent du frère ou de l'ami. Et que l'on ne croie point que ce soit une utopie de compter sur l'éducation réciproque des frères l'un par l'autre : car c'est encore une observation remarquable que ceux-là qui ne sont pas raisonnables pour eux-mêmes le sont souvent pour autrui. On secoue volontiers le joug de la raison, mais on n'aime pas voir les autres le secouer. Les passions que nous trouvons si justes quand nous les éprouvons, nous paraissent souvent injustes et absurdes dans les autres. Ainsi, le frère peut donner à son frère de bons conseils qu'il ne suit pas lui-même : il le peut et il le doit. C'est le plus grand devoir de la fraternité de s'améliorer l'un l'autre, et de faire profiter la réciprocité de l'affection à un perfectionnement réciproque. Combien cela est-il plus vrai encore, s'il s'agit d'un frère supérieur en âge, en sagesse, en raison ! Mais cette éducation du frère par le frère ne doit point affecter les formes de l'autorité et du pédantisme. Son droit est dans l'égalité, son succès dans la liberté, son moyen dans la douceur, dans la gaieté, dans la familiarité.

En parlant de l'éducation réciproque des frères, nous avons choisi le plus haut devoir et le plus grand triomphe de l'amour fraternel. Il est bien évident que celui qui doit sa raison, c'est-à-dire le plus grand bien dont il puisse disposer, doit également ses services, ses complaisances, ses consolations, et s'il le faut, ses secours. Les anciens avaient un mot admirable : Tout est commun entre amis. De même tout est commun entre frères, au moins jusqu'à l'âge où les nécessités de la vie forcent à avoir des intérêts distincts et séparés ; et alors même les frères ne doivent point oublier qu'ils ne sont point les uns pour les autres des étrangers. Et cependant l'on voit tous les jours des familles rompues et dispersées par de misérables et quelquefois d'horribles dissensions d'intérêt. Les frères, dans le partage des dépouilles paternelles, n'apportent que trop souvent l'âpreté et la rapacité des oiseaux de proie. Les plus riches ne sont pas les moins acharnés. De là des haines fraternelles plus profondes et plus invétérées que les haines ordinaires, parce qu'elles sont plus contraires à la nature. Qu'y aurait-il pourtant de plus naturel que de partager paisiblement les tristes avantages que nous ne devons qu'à la mort des parents? Quoi de plus naturel, de plus conforme à l'amitié fraternelle, que d'y apporter l'équité, au moins la stricte justice, sinon un esprit de générosité qui accorderait le plus à celui qui aurait le plus besoin?

Tout ce que nous avons dit des frères est également vrai des sœurs, seulement il semble qu'ici l'intimité soit plus tendre et plus délicate. Quel plus charmant spectacle pour les yeux et l'imagination que deux sœurs presque du même âge, ayant même visage, même costume, mêmes habitudes, quoique avec des caractères différents? C'est ici, à ce qu'il semble, que la confiance doit être parfaite : il faut intervenir aussi peu que possible dans cette intimité touchante et inviolable. Laissez, laissez s'épancher en bavardages enfantins ces illusions que l'âge effacera assez vite.

Mais, de tous nos sentiments, le plus délicat est peut-être celui du frère et de la sœur. L'amour de la sœur pour le frère est une sorte de vague respect pour la supériorité de la force et de la raison, mais un respect qui n'est pas accompagné du devoir de l'obéissance ni de la crainte de l'autorité, et qui, par conséquent, est sans humiliation et ne révolte point l'indépendance naturelle : c'est un respect uni au sentiment de l'égalité, c'est un respect mêlé d'affection, mais d'une affection vive, pleine, entière, où le cœur se donne sans aucune inquiétude ; c'est une affection familière et aisée, aussi pure que vive. De la part du frère, le sentiment fraternel est un instinct de protection, mais sans pouvoir, sans autorité, sans responsabilité ; de là un sentiment heureux, joyeux, tendre, sans mélange de ces craintes, de ces scrupules qui se mêlent au sentiment paternel. L'amour du frère et de la sœur met en commun ce qu'il y a de plus charmant, de plus délicat dans le rapport des deux sexes, sans aucun mélange de ce qui est moins pur et moins innocent.

Le rôle du frère ressemble plus à celui du père, le rôle de la sœur à celui de la mère. Le frère, c'est encore la raison, mais ce n'est pas la raison grave, austère, qui commande, qui menace, qui réprimande, ce n'est pas la froide raison de l'expérience, c'est une raison condescendante et complaisante, c'est la raison de la jeunesse, si puissante sur la jeunesse. La sœur, c'est la tendresse, mais ce n'est point la tendresse sérieuse, craintive, imposante de la mère, c'est une tendresse enjouée, familière, doucement ironique. Ainsi se complète l'éducation du frère et de la sœur l'un par l'autre, par des conseils aimables, libres, affectueux et enjoués. Le frère et la sœur sont encore intermédiaires l'un pour l'autre auprès de leurs parents. S'élève-t-il quelque légère querelle entre la fille et les parents, le fils intervient pour les rapprocher, pour obtenir des parents quelque condescendance, et pour ramener la fille à l'obéissance et à la docilité. Le fils a-t-il excité le mécontentement paternel, a-t-il causé l'affliction maternelle, la sœur intervient, à son tour, pour adoucir cette affliction, apaiser ce mécontentement, ramener la paix autour d'elle en obtenant du fils le repentir et du père le pardon.

Tout ce que nous avons dit jusqu'ici est vrai, abstraction faite de la différence des âges. Mais l'inégalité des âges modifie ces rapports. Il n'y a point entre un petit garçon et un jeune homme, une petite fille et une demoiselle, les rapports d'égalité, de confiance, d'intimité que nous avons décrits. Plus la différence des âges est grande, plus l'amour fraternel s'éloigne de l'amitié proprement dite pour se rapprocher d'une part de l'amour paternel et de l'autre de l'amour filial. Le grand frère aime le petit frère comme son enfant, mais comme un enfant dont il n'est que le protecteur, sans avoir la responsabilité de son existence physique ou morale, du moins tant que les parents vivent encore. Le petit frère aime son grand frère comme un père, mais comme un père qu'il ne craint pas beaucoup et pour lequel il a plutôt de la déférence que du respect. C'est surtout le frère aîné qui joue dans la famille un rôle considérable et qui exerce en quelque sorte une demi-paternité. Autrefois cette supériorité du frère aîné était confirmée et garantie par des avantages de fortune qu'il possédait à l'exclusion des autres. Quelques personnes ont cru voir dans l'abolition du droit d'aînesse l'affaiblissement de l'esprit de famille, nous y voyons au contraire un progrès sensible. Attacher des avantages matériels à la supériorité toute morale du frère aîné, c'était le rendre odieux au reste de la famille, c'était détruire les rapports naturels entre les frères. C'était d'ailleurs une injustice évidente à l'égard des autres frères ou sœurs, qui n'en sont pas moins les enfants du père et de la mère, pour être venus après le premier. Le droit d'aînesse peut être une excellente institution politique dans une monarchie absolue ou dans une aristocratie, mais sous tous les gouvernements, il est une institution contraire à la vie de famille ; et son abolition me paraît un grand service rendu à la cause de la famille par la révolution. Au reste, nous n'avons plus à prendre parti pour ou contre une institution qui n'est plus de notre temps ni de notre pays. Ce qui est toujours vrai, c'est que le frère aîné doit jouir dans la famille d'une certaine autorité morale d'autant plus grande que les âges sont plus inégaux, et cette autorité morale, reflet de l'autorité paternelle, se confond presque avec elle, lorsque la mort des parents fait du frère aîné le chef de la famille. Ainsi la sœur aînée prend aussi le rôle de la mère dans les mêmes circonstances.

Je ne puis mieux terminer cette leçon qu'en vous lisant les excellentes paroles de Silvio Pellico sur l'amour fraternel, dans son traité des *Devoirs des hommes*.

« Pour bien pratiquer envers tous les hommes la

science divine de la charité, il faut en faire l'apprentissage en famille.

« Quelle douceur ineffable n'y a-t-il pas dans cette pensée : « Nous sommes les enfants d'une même mère ! » Avoir trouvé, à peine venus en ce monde, les mêmes objets à vénérer et à chérir entre tous, quelle douceur encore ! Cette communauté de sang et la conformité d'un grand nombre d'habitudes, entre frères et sœurs, produisent naturellement une puissante sympathie qui ne saurait être anéantie que par un épouvantable égoïsme.

« Si vous voulez être bon frère, défendez-vous de l'égoïsme ; proposez-vous chaque jour d'être généreux dans vos relations fraternelles. Que chacun de vos frères, que chacune de vos sœurs voie que ses intérêts vous sont chers autant que les vôtres. Si l'un d'eux commet une faute, soyez indulgent pour le coupable, non pas seulement comme vous le seriez avec un autre, mais plus encore. Réjouissez-vous de leurs vertus, imitez-les, et, à votre tour, excitez-les par votre exemple ; faites qu'ils aient à bénir la Providence de vous avoir pour frère.

« On ne compterait pas tous les motifs de douce reconnaissance, d'affectueux désir et de pieuse crainte qui contribuent sans cesse à nourrir l'amour fraternel. Il faut cependant y réfléchir ; car ils passent souvent inaperçus. Commandons-nous de les apprécier. Les sentiments les plus exquis ne s'acquièrent que par une volonté bien arrêtée. De même qu'on n'arrive pas sans étude à l'intelligence parfaite de la peinture, ainsi ne comprend-on pas l'excellence de l'amour fraternel, ou de toute autre affection de cet ordre, sans une volonté assidue de la comprendre.

« L'intimité du foyer ne doit jamais vous faire oublier d'être poli avec vos frères.

« Soyez encore plus délicat de manières avec vos sœurs. Leur sexe est doué d'une grâce puissante : c'est un don céleste dont elles usent habituellement pour répandre la sérénité dans toute la maison, pour en bannir la mauvaise humeur et modérer les reproches qu'elles entendent parfois sortir de la bouche d'un père ou d'une mère. Honorez dans vos sœurs le charme suave des vertus de la femme ; réjouissez-vous de l'influence qu'elles exercent sur votre âme pour l'adoucir, et puisque la nature les a faites plus faibles et plus sensibles que vous, soyez d'autant plus attentif à les consoler dans leurs afflictions, à ne pas les affliger vous-même, à leur témoigner constamment du respect et de l'amour.

« Ceux qui contractent à l'égard de leurs frères

et de leurs sœurs des habitudes de malveillance et de grossièreté, restent grossiers et malveillants avec tout le monde. Que ce commerce de la famille soit uniquement beau, uniquement tendre, uniquement saint ; et alors quand l'homme passera le seuil de sa maison, il portera dans ses relations avec le reste de la société ce besoin d'estime et d'affections nobles, et cette foi dans la vertu que produit toujours l'exercice journalier des sentiments élevés (1). »

(1) *Devoirs des hommes,* chap. xii.

NEUVIÈME LEÇON. (1)

LA PARENTÉ.

SOMMAIRE. — Des liens de parenté en général. — De la famille patriarcale. Ses principes : l'autorité et la piété. Ses vices : absolutisme ; haines de famille à famille. — Des devoirs de parenté. Trois espèces de parenté : parenté en ligne directe, parenté collatérale, parenté d'alliance. — Devoirs envers les grands-parents. Des ancêtres. Traditions domestiques. — De l'honneur de famille. Des réunions de famille. — Extinction de la famille.

MESSIEURS,

La famille proprement dite ne se compose que de trois termes : le père, la mère et les enfants. Mais les enfants, en se séparant, et en formant à leur tour des familles nouvelles, donnent lieu à de nouveaux rapports, qui, pour être moins étroits et moins intimes que les premiers, n'en ont pas moins leur intérêt et leur prix. Ce sont les liens de la parenté. Ces liens sont d'abord très-précis. Mais chaque jour amène des ramifications nouvelles, et la dispersion de la famille est en raison même de son extension. Les familles se forment et

(1) Cette leçon n'a pas été prononcée.

se détruisent par un mouvement perpétuel, les branches devenant souches, et les souches détruites l'une après l'autre, remplacées par d'autres souches. Les mélanges, les séparations, les extinctions donnent perpétuellement aux familles des faces nouvelles. Au bout de quelques générations, les noms ayant changé, les membres d'une même famille cessent de se connaître et se chercheraient en vain séparés par l'éloignement des lieux, par l'oubli des liens intermédiaires et par les révolutions des existences.

Il vient donc nécessairement un temps où les rapports de parenté, de plus en plus éloignés et de plus en plus vagues, cessent d'avoir une véritable valeur, et se confondent avec les liens généraux qui nous attachent à tous les hommes. Cette révolution inévitable est plus ou moins retardée suivant les temps et suivant les lieux. Plus la société est primitive, plus les liens de parenté se conservent longtemps. C'est ce qu'on voit dans le moyen âge, comme on peut en juger par la jurisprudence de l'Église sur les empêchements de mariage. Jusqu'à Innocent III, les cas d'empêchement allaient jusqu'au septième degré inclusivement. Ce pape les restreignit au quatrième degré, et plus tard on alla plus loin encore : preuve manifeste que l'idée de la parenté s'affaiblissait. Car la consanguinité étant opposée à l'affinité, il est évident qu'à mesure que celle-ci s'étend, la première perd du terrain. On peut remarquer aussi que l'idée de la parenté se conserve plus longtemps dans un petit espace que dans un grand, dans les provinces plus que dans la capitale, dans les petites villes plus que dans les grandes, dans les villages plus que dans les villes. On le comprend : la dispersion des existences doit rendre de plus en plus indifférent à la parenté ; au contraire, dans les petits endroits, d'une part le voisinage, de l'autre l'immobilité de la vie rendent les rapports plus faciles, plus fréquents et plus fixes. La vie y est à la fois moins individuelle et moins mondaine. L'homme n'est point partagé, comme dans les grands centres, entre les affaires et le monde. On se connaît mieux, on s'inquiète plus les uns des autres. Il se forme des habitudes de visites et de réunions qui ne permettent pas de s'oublier. Il est vrai que les brouilles sont plus fréquentes : mais cela même prouve que l'on se connaît et que l'on se souvient les uns des autres. Dans les grandes villes, les familles ne se brouillent pas, mais elles s'ignorent.

Un auteur allemand, qui vient d'écrire récemment un livre spirituel et original sur la famille (1),

(1) M. Riehl. Voy. l'avant-propos.

fait cette observation remarquable : « Dans les classes moyennes, dit-il, il n'est plus de mode aujourd'hui de considérer comme parents ceux qui ne sont pas inscrits sur les premières branches de l'arbre généalogique. Au contraire, pour l'aristocratie et les paysans, qui, en ceci encore, sont les colonnes les plus puissantes de l'édifice social (1), l'idée de famille et de parenté a une étendue bien plus grande. Chez les paysans, un arrière-cousin est un proche parent, ayant droit à tous les priviléges et faveurs dont jouissent ordinairement les autres membres de la parenté. Cousins et cousines sont recherchés avec soin jusque dans les derniers degrés. On est fier de pouvoir citer une longue suite de parents, et l'on observe avec soin les divers titres de parenté. Les princes et les paysans disent encore : *Monsieur mon frère* et *monsieur mon cousin* (2)... Ainsi l'Arabe aux mœurs patriarcales compte au nombre de ses parents jusqu'à son frère de lait. »

Les liens de parenté fidèlement et religieusement conservés, ont donné naissance aux premières sociétés. L'origine de la société, c'est la tribu ; la tribu,

---

(1) Nous avons dit déjà que l'auteur est un partisan très-décidé de l'ancien régime. Il faut remarquer d'ailleurs qu'il écrit en Allemagne et pour l'Allemagne.
(2) Du moins en allemand.

c'est la famille. L'esprit de corps, si énergique dans les tribus germaines ou dans les clans écossais, n'est autre chose que l'esprit de fraternité qui unit tous ceux qui sont du même sang. La vie patriarcale semble l'idéal de la vie de famille. Elle retient dans une sorte d'intimité domestique toutes les générations d'une même souche. Elle semble le plus parfait asile de l'amour fraternel et de la piété filiale. Elle réalise parfaitement les deux principes qui, selon l'auteur allemand que j'ai cité, sont les principes constitutifs de la famille, l'autorité et la piété.

Cependant il ne faut point se faire illusion, et par un regret superstitieux d'un idéal apparent, fermer les yeux sur les imperfections d'un régime définitivement disparu et sur la supériorité de nos mœurs domestiques. Cet esprit de parenté, poussé jusqu'à la superstition, a deux grands défauts : le despotisme et l'hostilité des familles. Il est certain que c'était par une superstition et une obéissance fanatique à l'idée de la famille, que jusqu'à ces derniers temps la femme indienne était brûlée vive après la mort de son mari, et que chez les anciens Germains les serviteurs étaient brûlés sur le bûcher de leurs maîtres. Si l'on défendait ces extravagances, en soutenant qu'elles n'étaient que l'exagération d'un grand sentiment, on pourrait justifier de la même manière les sacrifices humains. L'auteur allemand, que nous avons cité et qui nous paraît avoir un peu trop de complaisance pour le régime patriarcal (1), nous fournit lui-même des faits qui prouvent combien ce régime est barbare et loin de satisfaire à la véritable idée de la famille. « Chez les anciens Germains, dit-il, chez les Indiens de l'Amérique septentrionale, et encore chez les Spartiates (2), les enfants débiles ou contrefaits étaient exposés ou tués pour que la famille ne fût pas chargée inutilement. Les enfants naturels, qui n'auraient été pour la famille qu'un sujet de honte, étaient autrefois étranglés chez les Cabyles. En Orient, le fiancé achète sa future épouse, non comme *son* esclave, mais pour en faire l'esclave de l'idée toute-puissante de la famille. Nulle part le célibat de la femme n'est entaché de plus de honte qu'en Orient : car la femme n'a de valeur que dans la famille ; comme individu, elle est

---

(1) L'auteur reconnaît, il est vrai, que, dans le système patriarcal, la famille menace d'engloutir l'individu. Mais il a tort de dire que le droit de famille a acquis déjà toute sa force, tandis que le droit individuel sommeille encore. Car le droit de famille est très-incomplet, tant que sommeille le droit individuel.

(2) Chez les Spartiates, ce fait ne doit point être attribué à l'esprit patriarcal, mais à l'esprit politique inspiré par les lois de Lycurgue. A Sparte, la famille était complétement absorbée par l'État.

nulle. » Mais si la femme est nulle comme individu, que peut-elle être dans la famille, sinon un instrument et une esclave? La vraie idée de la famille est celle où chacun de ses membres atteint à sa parfaite personnalité. La famille, en Orient, est encore à l'état barbare; et je ne crois pas que sous ce rapport la vie patriarcale ait rien à nous enseigner. L'auteur montre un enthousiasme un peu candide lorsque, parlant des Kalmoucks du Volga, il nous dit : « Ces peuplades traitent leurs femmes avec une courtoisie qui rappelle le temps patriarcal; mais quand la femme commet une faute dans le ménage, la courtoisie cesse et elle est rouée de coups ; car le génie de la maison est placé plus haut que la dignité personnelle de la femme. Le fouet qui sert à cet usage, glaive et sceptre de la maison, passe comme une sainte relique de génération en génération. » Laissons cette relique aux Kalmoucks, et avouons que l'autorité domestique peut trouver d'autres moyens de se faire respecter. La dignité de la maison ne va pas sans la dignité de la femme.

Le despotisme patriarcal détruit la vraie idée de la famille. Car, selon cette idée, chaque père de famille est responsable de sa famille propre. L'homme devient donc indépendant et libre, par cela seul qu'il est chef de famille. Autant de têtes de famille, autant de familles. En effet, le principe de l'autorité paternelle est fondé, d'une part, sur l'impuissance de l'enfant; de l'autre, sur le lien étroit, intime et tout particulier qui unit l'enfant au père, lien qui seul peut être la raison et la justification d'une dictature aussi imposante et aussi terrible, celle qui livre une âme à la discrétion d'une créature humaine. Or, ces deux considérations cessent de s'appliquer à l'aïeul. Car, d'une part, le fils étant capable de se gouverner lui-même et sa famille, a, par cela même, le droit et le devoir de la gouverner. En second lieu, le lien qui unit l'aïeul au petit-fils n'est plus un lien immédiat et étroit. Entre les deux se place le fils qui a hérité à son tour de l'autorité à laquelle il a obéi dans son enfance. Je n'ai pas besoin de dire qu'il n'est pas question de détruire, ni même d'affaiblir l'amour, la considération, la vénération, dus à l'aïeul. Je cherche seulement à déterminer la vraie idée de la famille, et je ne la trouve pas dans le système patriarcal. Chaque famille doit être considérée comme un tout indépendant, unie sans doute aux autres branches de la même souche, et à la souche commune, par les liens de l'affection et du respect, mais chacune souveraine dans son domaine propre et n'obéissant qu'à la loi publique.

Un autre danger de ce système, ce sont les haines de famille. Lorsque l'homme abdique sa personnalité pour celle de la famille, il en épouse toutes les passions, tous les ressentiments, tous les aveuglements. Une injure est un tort fait à la famille tout entière dans tous ses membres passés et futurs. La vengeance appelle la vengeance, et il se fait ainsi un enchaînement de violences qui n'a pas de fin : car personne ne veut avoir le dernier. De là ces haines de race à race, de tribus à tribus, si fréquentes chez les peuples primitifs, si fréquentes au moyen âge, et qui se voient encore dans quelques populations du Midi. L'esprit de famille, poussé jusqu'au fanatisme, détruit le patriotisme et l'humanité. C'est ce qu'il ne faut point oublier lorsqu'on est disposé à trop gémir sur la dispersion des familles dans les temps modernes. L'humanité a gagné ce que l'esprit de race a perdu.

Ce n'est point à dire que l'affaiblissement des liens de parenté ne soit un mal, et même assez grave. Ce mal a dû faire de grands progrès avec le morcellement indéfini des propriétés, qui rend impossible la vie commune des grandes familles sous un même toit. Mais il ne faut rien exagérer. L'égalité des partages dans les familles est un principe tellement équitable, tellement conforme à la véritable idée de la famille, que l'on doit prendre son parti de quelques inconvénients, lorsqu'on voit se réaliser le progrès des vrais principes. La tendance évidente de la civilisation moderne est de laisser de plus en plus à faire à la volonté de l'individu, et de confier à sa raison et à sa conscience les devoirs qui étaient facilités autrefois par les traditions et par les usages. Or les devoirs de parenté n'ont pas cessé d'être vrais, parce qu'ils n'ont plus guère d'autre appui que le sentiment. Il y a toujours quelque chose de plus entre deux frères qu'entre deux cousins : mais il y a aussi quelque chose de plus entre les enfants de deux frères qu'entre deux inconnus. Si l'on demande la définition de ce quelque chose, il est difficile de la donner. Mais ce qui n'est pas douteux, c'est qu'entre les devoirs de famille proprement dits et les devoirs de l'humanité en général, il y a des devoirs intermédiaires qui correspondent aux différents groupes dont nous faisons partie. Ainsi nous devons plus à nos concitoyens qu'aux étrangers, plus à nos amis qu'à des inconnus, plus à des parents qu'à des amis. Mais il est vrai que ces sortes de devoirs n'ont plus le même caractère de précision que les autres. Ils sont susceptibles d'appréciation, de comparaison, et quelquefois ils peuvent être dans un ordre inverse à celui que nous venons d'indiquer.

On ne saurait trop se garder de détruire aucun des liens qui resserrent l'union des hommes. La parenté est un de ces liens. Elle impose à l'homme quelques degrés de plus d'affection, de bienveillance, de dévouement, que le simple sentiment de l'humanité. Il faut craindre, en croyant donner au sentiment le plus général, de ne sacrifier en réalité qu'à l'égoïsme. Supprimez dans l'homme le patriotisme, l'esprit de corps, la parenté, êtes-vous bien sûr de faire des hommes plus dévoués à la cause de l'humanité ? Je crains qu'ils n'en soient que plus dévoués à eux-mêmes. Il faut des échelons dans nos affections.

On peut distinguer trois espèces de parenté : 1° la parenté en ligne directe ; 2° la parenté collatérale ; 3° la parenté d'alliance. La première est celle qui se rapproche le plus de la famille ; entre les ascendants et les descendants, le rapport n'est pas immédiat, mais il est direct. La parenté s'affaiblit en raison des degrés intermédiaires, mais elle ne dévie pas. Entre collatéraux, le rapport n'est ni immédiat, ni direct, et la parenté s'affaiblit à la fois en raison des degrés intermédiaires et de l'éloignement des branches par rapport à la branche originelle. Quant à la parenté d'alliance, elle est plus nominale que réelle : inférieure aux deux autres, elle n'est cependant pas toute de convention. Il arrive d'ailleurs quelquefois que la parenté d'alliance et la parenté de sang s'unissent et se fortifient l'une par l'autre.

Les devoirs de la parenté sont évidemment plus précis et plus obligatoires à mesure qu'ils se rapprochent davantage des devoirs de famille proprement dits. Les plus sérieux et les plus évidents sont ceux des enfants envers les grands-parents. Le père de notre père, la mère de notre mère jouissent à notre égard d'une sorte de paternité et de maternité. Quelque chose de leurs bienfaits est venu jusqu'à nous par l'intermédiaire de nos propres parents. Nous leur devons indirectement la vie, le bien-être, les leçons qu'ils ont eux-mêmes données à leurs enfants. Souvent, nous leur avons des obligations personnelles. Les grands-parents ont, pour les petits-enfants, une affection d'autant plus vive qu'elle est venue la dernière ; c'est pour eux un rajeunissement, c'est une nouvelle vie, une nouvelle affection à conquérir et à espérer. Las de la vie, désabusés de toutes les espérances, connaissant le fort et le faible de tous les sentiments humains, ils s'attachent avec ardeur à ces frêles créatures qui ne demandent qu'à aimer, à aimer surtout ceux qui leur montrent une affection et une complaisance sans bornes. De là, les faiblesses des grands-parents, de là aussi leur dévouement et leur tendresse inépuisables. Si cette tendresse n'est pas toujours raisonnable, ce n'est pas à l'enfant à le savoir et à s'en plaindre. Pour lui, il ne doit regarder que les bienfaits. Il doit surtout regarder l'âge qui appelle le respect, l'âge qui, nous rapprochant chaque jour de la mort, participe déjà à la secrète majesté de ce grand inconnu, l'âge enfin qui suppose dans le passé tant d'épreuves, tant de chagrins dévorés, tant de pertes irréparables, et dans l'avenir si peu d'espérances!

Il est cruel de penser que l'âge, qui semble avoir la sagesse pour apanage, donne quelquefois et même trop souvent l'exemple de la déplorable persistance des faiblesses humaines. Là où l'on aimerait à voir la dignité, la tranquillité, la droite raison, on rencontre encore les vaines agitations, une honteuse légèreté, une bassesse de vues et de sentiments que l'on pardonnerait à peine aux pressantes nécessités ou aux âpres ambitions de l'âge viril. Il semble inutile de prêcher la vieillesse. Car ce n'est pas d'ordinaire l'âge où l'on se corrige de ses défauts. Mais si l'on ne peut pas demander aux vieillards de se changer, on peut demander à la jeunesse ou à la maturité de se préparer une noble vieillesse. C'est un grand spectacle de voir un doux vieillard, dont l'âge n'a pas desséché le cœur ni flétri les sentiments, entouré d'une grande famille dont il est l'honneur, l'amour, la bénédiction, grave sans morosité, éclairé sans amertume, rendre en conseils affectueux ce qu'il reçoit en respects et en égards, et apprendre aux enfants non pas comment on réussit, mais comment on s'améliore, non pas comment on joue les hommes, mais comment on les sert ou on les brave, comment enfin on peut s'exercer à ces belles vertus si rares et si dédaignées, la fierté, la modestie et la bonté !

La parenté n'établit pas seulement un lien entre les membres d'une même famille dans une même génération : elle unit encore des générations qui se suivent sans se connaître. Ces liens sont surtout d'imagination. Mais l'imagination a une grande part dans nos affections, et il ne faut point l'exclure de la morale. Le respect des pères et des ancêtres est loin d'être un sentiment exclusivement aristocratique. Tout homme s'intéresse et doit s'intéresser à tout ce que son père lui apprend de son aïeul et de son bisaïeul.

Car lui-même ne consentirait pas volontiers à être absolument oublié de ses petits-enfants. Le beau sentiment du vieillard de la Fontaine, qui préparait des ombrages à ses arrière-neveux, appelle en retour un sentiment de reconnaissance, et je ne sais quel vague respect pour cette paternité reculée, qui a veillé de si loin sur nos destinées, dont nous retenons encore, sans le savoir, certaines impressions transmises par la coutume domestique, et peut-être même les traits originaux de la physionomie et du caractère. Quel homme, même parmi les plus humbles, n'éprouve pas une inquiète et tendre curiosité, lorsqu'il se demande quelle a été la destinée de tous ceux dont il descend en droite ligne, et ne donnerait beaucoup pour pénétrer cette obscurité, qui, dans les classes moyennes et inférieures, couvre l'histoire des ancêtres au delà de deux ou trois générations? Qui n'envierait les arbres généalogiques de l'aristocratie, non par un sentiment d'orgueil et pour se faire honneur d'une antiquité qui, après tout, est la même pour tous, mais par une vraie piété filiale, indifférente à la grandeur du nom, mais profondément attachée à l'honneur de la famille? Il existait, autrefois, dans les vieilles familles allemandes, un noble usage, dont on ne peut trop regretter l'abandon. Chaque père de famille avait un registre où il inscrivait les grands événements de la famille, les naissances, les mariages, les décès. Ce registre rédigé laconiquement, mais avec une religieuse exactitude, passait de père en fils et transmettait ainsi, sans interruption, l'histoire de la famille. Nobles archives, plus curieuses, peut-être, que les archives d'une ville ou d'un Etat. Car chacune de ces dates muettes répondait à des battements de cœur qui venaient retentir de génération en génération dans l'âme émue et attendrie des arrière-neveux !

Si nous passons de la parenté directe à la parenté collatérale ou à la parenté d'alliance, il sera très-difficile de ramener à aucune loi fixe ces relations si mobiles et si indéfinies. Les révolutions, les événements, les oscillations de la fortune élèvent les uns, abaissent les autres, séparent, réunissent, et rendent de plus en plus difficile de retenir et de suivre le fil de la parenté. De là, la dispersion des familles. Mais s'il est impossible de demander à notre époque cette piété patriarcale qui a été l'honneur du passé, ce n'est pas une raison pour renoncer à toute religion domestique, et pour rejeter comme une superstition, le respect des liens du sang. L'union des familles est un principe de bonheur et de tranquillité pour les sociétés. La séparation, les discordes, les procès, l'indifférence même, sont des maux dont les conséquences ne touchent pas seulement l'individu. Toute famille a son esprit, ses souvenirs, ses traditions, une vie commune. L'identité même du nom n'est pas une chimère, et nous devons quelque chose à ceux qui portent notre nom.

Il y a même des devoirs tout particuliers qui naissent précisément de cette mobilité des conditions sociales, conséquence de l'esprit démocratique des sociétés modernes. Dans le temps où les classes étaient séparées les unes des autres par des limites fixes, il était rare que les individus sortissent de la place ou de la condition où ils étaient nés. On était noble ou bourgeois ; mais on restait noble ou bourgeois, et le cercle des destinées individuelles était assez étroit. Mais depuis la révolution, le champ étant devenu libre pour tous, nous avons vu de toutes parts s'élever des ambitions, qui, soutenues ou non par le talent et par le caractère, ont élevé très-haut des hommes de très-basse naissance. Ce fait s'est présenté pour ainsi dire dans toutes les familles, qui se sont vu partager en catégories diverses, les uns en haut, les autres en bas ; et comme toute élévation suppose des chutes, il est clair que les uns ont dû descendre, tandis que les autres montaient. A l'heure qu'il est, on peut dire qu'il n'y a guère de familles qui ne tiennent par quelques membres aux degrés les plus opposés de l'échelle sociale. Or, si l'on veut qu'une véritable fraternité unisse les diverses classes de la société, il ne faut point commencer par rejeter les sentiments de famille, et remplacer la fierté aristocratique par l'orgueil des parvenus. Le dédain de la parenté, l'oubli de sa condition originelle, l'aversion pour ceux qui, moins heureux que nous, sont restés dans les couches inférieures, tandis que nous montions, sont des sentiments beaucoup moins excusables que l'orgueil de naissance. Sans doute, il ne faut pas, par un prétendu esprit de famille, faire monter après soi ceux qui ne le méritent pas ; nous avons vu quelquefois les individus d'une même famille se suspendre les uns aux autres pour escalader la fortune. Mais entre le népotisme et le mépris de la parenté, il y a des degrés ; et si nous ne devons pas nous servir des deniers publics pour payer nos devoirs de famille, il n'est pas difficile de les payer en bienveillance, en égards, ou même, s'il le faut, et quand on le peut, sur nos deniers propres.

Il ne suffit pas d'estimer sa famille, à quelque

rang qu'elle soit placée ; il faut travailler à la rendre estimable aux autres, et lui attirer la considération et le respect, il faut en conserver l'honneur intact, et le transmettre tel qu'on l'a reçu à ses descendants. On se tromperait beaucoup, si l'on considérait l'honneur de famille comme un préjugé ; la famille a son honneur comme l'individu. Ici, la valeur, là, la probité, le dévouement civique, la libéralité sont le patrimoine des familles, et chacun a le devoir de ne point laisser dépérir entre ses mains ce noble dépôt. Si la sèche raison voulait détruire cette solidarité domestique, et prétendait que, puisque chacun n'est responsable que de ses œuvres, il n'y a qu'un honneur individuel, et non pas un honneur de la maison et du foyer, il retrancherait dans les âmes un grand principe de vertu. Car celui qui ne craindrait peut-être point de se discréditer lui-même, peut reculer devant la pensée de discréditer son nom. Plus on a eu d'exemples et de traditions honnêtes, moins on est excusable de faillir et de s'oublier. L'honneur des miens n'est pas mon honneur propre, direz-vous : j'y consens, mais votre honneur n'en fait pas moins partie du trésor de la famille. En l'honorant, ce n'est pas un service que vous lui rendez, c'est une dette que vous payez.

Le progrès de la raison et de l'équité, en détruisant certains préjugés, a rendu de plus en plus difficile le discernement des vérités morales, et exige des hommes une plus grande délicatesse de sentiments. Autrefois l'honneur de famille, étant pris pour un principe absolu, n'offrait aucune matière ni aux scrupules ni aux doutes. Chacun se sentait solidaire de la famille, et acceptait entièrement cette responsabilité, en bien et en mal. Mais depuis, un esprit de justice plus fin et plus élevé s'est demandé si un homme doit être responsable de fautes qu'il n'a pas commises. Ce principe démocratique, Chacun est fils de ses œuvres, peut être traduit en morale, comme le faisait Aristote : Chacun est père de ses œuvres, comme de ses enfants. Devant ce principe de la responsabilité personnelle, que devient la solidarité de famille, et à la suite, le dogme de l'honneur domestique ?

Mais c'est ici qu'il importe de distinguer et de découvrir le vrai milieu entre deux extrémités également fausses. Personne n'est responsable de sa famille, mais chacun est responsable envers sa famille. Sans doute, il est de rigoureuse justice de ne point en vouloir à un homme d'une tache paternelle ; c'est là le progrès de la raison moderne.

Mais il est juste que chacun évite une tache à ses enfants ou à ses petits-enfants. Car quoique la sévère équité commande l'impartialité, il ne faut point compter sur elle. Soyons donc philosophes et rigoureusement justes, quand nous jugeons les actions et l'honneur des autres ; mais en face d'une mauvaise action à commettre, dont la honte peut rejaillir sur nos proches, restons fidèles à l'empire du préjugé.

Quelques-uns pourront croire que ce que nous appelons l'honneur de famille, est un reste des préjugés aristocratiques. Il semble que ce soit seulement dans l'aristocratie que chacun est fier de la gloire et des vertus de ses ancêtres, et s'en attribue l'honneur. Dans les vrais principes, le mérite est tout personnel ; et le vrai noble est celui qui fait de nobles actions, et non celui qui compte beaucoup d'aïeux. Tout cela est vrai ; mais encore une fois, il faut démêler ce que l'opinion vulgaire confond souvent. Il serait trop fâcheux que le progrès des idées politiques fût accompagné du relâchement des idées morales. Il faut distinguer entre l'orgueil de la race et l'honneur du nom. On peut et on doit être fier d'avoir un père honnête homme, sans pour cela se croire d'une autre espèce que les autres hommes. On doit tenir à transmettre un nom honnête à ses enfants, sans les dispenser pour cela du devoir de le soutenir par leur mérite propre. Ce qu'il y a de vrai dans l'aristocratie (je laisse à part la question politique), c'est que les vertus paternelles sont un héritage légitime du fils, et des descendants, héritage qu'ils peuvent à leur gré dissiper ou accroître. Ce qu'il y a de faux, c'est que le rang donne par là même la vertu et l'honneur. Dans le sens moral, la famille la plus noble est celle où se perpétuent depuis le plus longtemps la sagesse, l'honnêteté, le courage. Cette noblesse n'a rien de chimérique : heureux celui qui l'a reçue de ses ancêtres, et qui l'a conservée ! Heureux encore celui qui, ne l'ayant pas reçue, l'a fondée en quelque sorte et la transmet à ses descendants ! Le philosophe Kant cite cette parole de Fontenelle : « *Je m'incline devant un grand, mais mon esprit ne s'incline pas*. Et moi, ajoute-t-il, devant l'humble bourgeois, en qui je vois l'honnêteté du caractère portée à un degré que je ne trouve pas en moi-même, *mon esprit s'incline*, que je le veuille ou non, et si haut que je porte la tête pour lui faire remarquer la supériorité de mon rang. » Et en effet, celui-là est un grand, et grands seront encore ses descendants, s'ils héritent de sa fierté modeste et de son courage!

On voit de quelle importance il est pour les familles de resserrer leurs nœuds, de se nourrir fidèlement des traditions pures et saintes du foyer. A défaut de la vie commune qui n'est plus guère praticable aujourd'hui, on doit y suppléer par de fréquentes et fidèles réunions de famille.

Je n'irai point jusqu'à dire, comme l'auteur allemand dont j'ai déjà parlé, que le monde ne doit pas être autre chose que la famille même. C'est évidemment là un principe excessif. On ne voit pas en effet pourquoi il en serait ainsi, pourquoi les hommes ne pourraient se voir qu'à titre de cousins, d'alliés ou de voisins : car il fait entrer jusqu'aux voisins dans la parenté. Mais il peut y avoir mille raisons de se réunir indépendantes du voisinage et de la parenté elle-même. Le salon moderne, dit-il, a pris naissance à la cour des princes. La bourgeoisie a voulu faire comme les grands, qui eux-mêmes avaient imité les souverains. Je le veux bien, mais, sans discuter cette histoire des salons, je ne vois pas pourquoi les princes auraient seuls le privilége de réunir autour d'eux des hommes bien nés pour se récréer par des divertissements agréables ou des entretiens distingués. Ce qui est vrai, c'est que les réunions de famille ne doivent pas être remplacées exclusivement par les réunions de salon. Celles-ci offrent peut-être plus d'attrait et plus de profit pour l'esprit : mais celles-là valent mieux pour les mœurs, et pour le bonheur. Le relâchement des liens de parenté finit par introduire le relâchement dans la famille même. Le fils s'éloigne de la maison ; les frères se connaissent à peine ; la fraternité n'est plus qu'un nom : au jour du devoir, on trouve facilement des excuses, et l'on finit par considérer comme tout simple ce qui ferait honte, si l'on avait continué de vivre dans l'intimité. Mais pour resserrer les liens de famille, il faut se voir, avoir des plaisirs communs, des fêtes traditionnelles ; il faut habituer les enfants à se connaître, à jouer, à courir ensemble, à suivre les mêmes études, si les conditions sont égales. Ce sont là des souvenirs précieux pour la vie. Les fêtes de famille laissent à l'enfant de profondes et salutaires impressions. Elles lui rappellent dans sa jeunesse les sentiments paisibles et purs qui ont protégé son enfance : dans l'âge viril, elles mêlent quelque adoucissement aux luttes sévères de la nécessité, ou aux tristes ardeurs des passions ; enfin elles sont la joie de la vieillesse, à qui elles ne sont pas moins salutaires qu'à l'enfance elle-même. Cette grande vie de famille, dont nos pères nous ont laissé le récit, nous n'en avons plus guère que les débris : conservons-les du moins avec religion, et ne portons pas le dernier coup aux autels du génie domestique.

Mais quelques efforts que nous fassions pour retenir et conserver debout le faisceau de la famille, nous ne pouvons rien pourtant contre la nécessité. Les familles se rompent et se dispersent malgré qu'elles en aient. La nécessité éloigne les membres les uns des autres. Il faut vivre, on se sépare. Les correspondances conservent encore quelque temps le lien ; puis elles cessent, on pense encore les uns aux autres, mais rarement, et bientôt on n'y pense plus. Les familles, en se dispersant, se ramifient, et ces innombrables rejetons s'ignorent les uns les autres : ou bien encore les familles plus florissantes se voient insensiblement disparaître. Le vide se fait dans les rangs. Le célibat en arrête la fécondité, la mort les décime prématurément. Le nom s'efface et s'engloutit dans un oubli irréparable. C'est la fin de la famille, et c'est la fin de notre sujet.

DIXIÈME LEÇON.

LE SIÈCLE ET LA FAMILLE.

Sommaire. — Le dix-neuvième siècle. Doute. Ennui. Esprit de révolte. Ironie. Indifférence. — Influence de l'esprit du siècle sur la famille. — Dernier tableau des principes de la famille. L'amour et le devoir. La dignité de la femme. L'intérêt des enfants. — Double garantie de la famille. La société et Dieu. — Lutte de l'esprit de famille contre l'esprit du siècle. — Conclusion.

Messieurs,

J'ai présenté, dans la première leçon de ce cours, le tableau de la vie de famille dans ses joies, ses difficultés, ses épreuves, ses bienfaits et ses douleurs. Puis j'en ai fait l'histoire particulière, et le mari et la femme, les parents et les enfants ont successivement passé sous nos yeux. Il me reste un dernier tableau à vous présenter, la famille au siècle où nous vivons, la famille aux prises avec l'esprit de ce siècle, du moins dans ce qu'il a de corrupteur et d'égaré.

Ce spectacle sera peut-être nouveau à quelques-unes des personnes qui m'écoutent : qu'elles apprennent par ce tableau à goûter le prix de la candeur et de la simplicité ; qu'elles apprennent à compter pour rien les accidents ordinaires de la vie au prix des maux incalculables que fait à l'homme l'erreur ou la passion ; qu'elles apprennent enfin qu'elles ont un rôle à remplir dans cette société malade, un rôle d'apaisement, d'adoucissement, de guérison, semblables à ces femmes héroïques qui de leurs mains pures pansent des plaies horribles et qui ne craignent point d'enfermer leur courageuse innocence jusque dans les asiles de la corruption et du châtiment.

Je ne voudrais pourtant point, messieurs, que l'on me prît pour un de ces détracteurs systématiques de notre temps, qui croient tout perdu, exagèrent nos vices, embellissent l'image du passé pour nous faire horreur de nous-mêmes, s'appesantissent enfin sur le mal, et ferment les yeux sur le bien. Je crois d'ailleurs qu'il faut aimer son siècle comme on aime sa patrie, malgré ses faiblesses et ses fautes. Pour ma part, j'aime ce siècle et je le crois grand. Il se débat dans des entreprises immenses dont nous ne savons pas le secret ; il déploie contre la nature physique des forces miraculeuses qui surpassent l'imagination ; il engage en ce moment même une lutte effroyable en faveur de la civilisation ; nous voyons sous nos yeux d'immenses mouvements de peuples, des migrations telles qu'on n'en a point vu depuis le xv° ou le xvi° siècle, et qui précipitent une partie de l'ancien monde sur le nouveau ; des sociétés nouvelles cherchent à éclore, de vieilles sociétés essayent de se régénérer. Enfin, comment serions-nous ingrats envers ce siècle qui a fait plus qu'aucun de ceux qui l'ont précédé en faveur de la liberté des peuples, et de la philosophie, de la philosophie, *cujus sacra fero?*

On a beaucoup dit que ce siècle est malade : les uns disent que son mal est l'amour des plaisirs matériels, les autres l'esprit de révolte ; les autres l'indifférence des vérités morales et religieuses. J'aime à croire que ces maux ne sont pas aussi invétérés qu'on le suppose. Ils ont toujours plus ou moins existé aux différentes époques. On ne peut nier cependant qu'ils ne soient entretenus et favorisés par un mal plus profond, propre à ce siècle, et qui ne paraît pas encore près de se guérir.

Si je voulais définir les trois derniers siècles par un mot, je dirais : Le xvii° est un siècle qui croit, le xviii° est un siècle qui nie et le xix° est un siècle qui doute. Croire c'est affirmer, nier c'est rejeter résolûment ce que l'on affirmait, douter c'est hésiter entre l'affirmation et la négation. Le doute est de tous les temps ; il n'y a point d'homme qui ne doute de certaines choses, et il n'y a point de siècle où il ne se soit rencontré des hommes qui ont douté de tout. Un siècle qui doute est un siècle où il y a beaucoup d'hommes qui doutent et où l'on ne doute pas de choses indifférentes, mais des principes essentiels de la conduite humaine. Il y a un doute qui est bon et salutaire, c'est celui qui précède la recherche et qui détermine l'examen ; il y en a un funeste et corrupteur, c'est celui qui naît de la lassitude et de l'impuissance. Le doute se manifeste sous différentes formes. Tantôt il hésite entre deux affirmations, et il avoue qu'il hésite : c'est la meilleure forme, parce qu'elle est sincère. Tantôt il se cache sous des affirmations violentes et exagérées ; il y a des gens qui ne croient guère à Dieu et qui croient à la magie. Tantôt on le reconnaît à des affirmations contradictoires : un homme qui affirme aujourd'hui ce qu'il nie demain, un siècle qui nie aujourd'hui ce qu'il affirmait hier, voilà un homme qui doute, voilà un siècle qui doute. Ce qu'il y a d'étrange, c'est que le doute, lorsqu'il commence, est accompagné d'un certain plaisir, semblable à ces maladies bizarres où les approches de la mort sont précédées d'une sorte de sentiment voluptueux. Comme la jeunesse voit tomber avec plaisir les voiles de l'enfance, ainsi l'âme éprouve une sorte de joie à abandonner une à une toutes ses croyances naturelles, comme les illusions de l'enfance; elle croit entrer dans l'âge de la virilité, parce qu'elle sent tarir insensiblement en elle les sources de la vie. Dans les premiers temps, l'âme prend le doute pour l'affranchissement : elle croit qu'elle pourra n'écarter que les croyances qui lui déplaisent, et conserver toutes celles qui lui sont agréables, éloigner celles qui gênent, contraignent, ordonnent, défendent; conserver celles qui enchantent, élèvent, flattent et caressent. On croit qu'on pourra continuer à aimer la nature, la beauté, la vie, à jouir des belles émotions, à rêver, à espérer, à aimer : mais peu à peu le doute gagne et s'étend, le vide se fait autour de nous et en nous-mêmes, et l'enivrement fait place à l'ennui.

L'ennui est un fait humain bien connu : il a sa place dans toutes les existences, même les meilleures. C'est une sécheresse ou une gêne tantôt produite par un travail pénible et sans attrait, tantôt par l'inaction; mais dans les âmes saines, bien remplies et bien occupées, l'ennui est un accident qu'un rien suffit à guérir : un sourire, une parole, un rayon de soleil. Il y a un autre ennui plus grand et plus profond, qui ne dure pas seulement un instant, et qui ne s'arrête pas à la superficie de l'âme ; mais qui l'occupe tout entière et pénètre jusqu'au fond : c'est l'ennui causé par le sentiment de notre vide et de notre misère. Lorsque cet ennui s'unit au sentiment religieux, il peut être salutaire quoique alors même il ne soit pas sans danger. Mais lorsque cet ennui est accompagné du doute, il est aussi funeste à l'âme qu'à l'esprit : il naît du vide et il l'étend, il est sans compensation, sans espoir. A l'origine, comme le doute, il est accompagné de plaisir : ce n'est d'abord qu'une délicieuse langueur, une sorte d'abandon de l'âme au vague de la vie ; l'âme aime à se laisser errer dans ces espaces vaporeux et mystérieux qui ont une sorte de ressemblance avec l'infini ; elle se fait illusion sur son impuissance et sur sa misère ; elle croit que rêver c'est vivre, soupirer c'est croire, et, dans cette sorte d'assoupissement, elle voit les objets, comme dans un songe, parés d'une mystérieuse beauté. Mais ces illusions disparaissent bientôt ; elle ne tarde pas à comprendre qu'elle se repaît de chimères, qu'elle prend le néant pour l'infini. Elle s'agite, elle va du monde à la solitude, elle recherche les hommes, elle se recherche elle-même, puis elle se fuit de nouveau : elle épuise la science, le travail, le plaisir : pour étouffer les inquiétudes du désir, elle se plonge dans la jouissance, et, comme dit Faust, dans la jouissance elle regrette le désir. Semblable à ces rêveurs du moyen âge qui poursuivaient une œuvre impossible, elle se consume à la poursuite de l'inconnu : mais eux du moins mouraient pleins d'illusions, et ils avaient récolté sur leur route quelques vérités utiles : mais l'ennui est un mal inquiet et stérile qui s'agite sans produire, jusqu'au jour où, irrité des hommes et des choses, il se change en esprit de révolte. Manfred succède à René.

Il y a un esprit de révolte naturel à l'homme qui se déploie dans l'enfance des individus et des sociétés. Donnez-lui quelques satisfactions, il s'apaise ; comprimez-le, il se tranquillise. Quelquefois il est bon et utile, quand il est inspiré par de grandes passions, le patriotisme, le sentiment religieux, l'amour sincère de la liberté. Mais l'esprit de révolte qui naît de la fatigue de l'esprit, de l'ennui de la vie, du vide des croyances, et de la surexcitation aveugle des passions est un mal profond, mortel, incurable. Il ne porte pas seulement contre certaines choses mais contre toutes, et surtout contre les plus nobles : toute loi, tout ordre, toute raison, toute mesure lui sont insupportables ; il aime détruire pour détruire ; il met un certain orgueil à jouer le rôle de Satan, et rien ne lui plaît comme de s'entendre appeler diabolique. Mais il se fatigue lui-même de ce rôle étrange et violent, de ces efforts orgueilleux et impuissants. Vaincu, repoussé, doutant de lui-même, il se venge par l'ironie.

L'ironie est bonne et saine lorsqu'elle est la sagesse humiliant la sottise : c'est l'ironie de Socrate et de Pascal. Mais il y a une ironie sèche, glacée, méchante, une ironie qui ne rit point et qui prend pour sujet les idées les plus pures ou les choses les plus tristes : c'est l'ironie de Candide, de Méphistophélès et de Don Juan. Une telle ironie est encore un des traits remarquables de notre temps ; et nous avons vu récemment un des destructeurs les plus célèbres de ce temps-ci chanter en quelque sorte un hymne à l'ironie, comme à une nouvelle muse.

Lorsque l'esprit de doute a tout essayé, et qu'il a épuisé jusqu'à la fleur amère de l'ironie, il ne reste plus à l'âme que le choix entre deux choses : le suicide ou la volupté. Ceux en qui il reste encore quelque atome de fierté aiment mieux mourir ; ceux en qui il ne reste rien, se font les esclaves de l'or et les hypocrites de la vertu.

Voilà le tableau superficiel des maux qui se sont particulièrement produits de notre temps et qui ont, à des degrés divers, atteint un grand nombre d'âmes. Ces maux ont paru diminuer et s'apaiser depuis quelques années; mais, il ne faut pas s'y tromper, l'indifférence n'est pas le contraire du doute : elle en est le dernier effet. La fièvre n'est pas la vie, mais la léthargie ne l'est pas davantage : ou plutôt, à cette sorte de fièvre de pensée et de passion qui agitait les âmes dans la première moitié de ce siècle, a succédé une autre fièvre, plus grossière et non moins dangereuse : la fièvre de la matière et la fureur des appétits grossiers.

Mais voyons maintenant l'influence que ces maux divers ont eue sur la famille de notre temps, et ce qu'ils sont venus ajouter de force aux tentations naturelles qui ont été de tout temps dans le cœur de l'homme.

L'esprit de doute n'a pas plus ménagé la famille que tout le reste. Il l'a attaquée dans sa sanction religieuse, sociale, morale, en la réduisant à une convention arbitraire, à une relation libre et de fantaisie. Sans doute, ces sophismes présentés dans toute leur nudité n'ont pas fait beaucoup d'adeptes : et ce n'est point le doute systématique et réfléchi qui a introduit le plus de maux dans les familles. Ces raisonnements captieux, ces attaques grossières et les systèmes extravagants qui en ont été la suite, sont trop contraires à l'instinct naturel, au bon sens et, si l'on veut, au préjugé, pour avoir fait des conquêtes sérieuses, et avoir pénétré profondément dans les esprits. Il serait vraiment ridicule d'employer la raison contre des thèses aussi absurdes et aussi révoltantes que celles de la communauté des femmes ou la polygamie.

Mais ces sophismes prennent mille formes, et plus ils sont voilés et enveloppés, plus ils agissent. Le monde, sans le savoir, leur sourit lorsqu'ils se présentent sous la forme de légères plaisanteries; il les applaudit, parés de toutes les couleurs de la poésie et de l'éloquence. Ces sophismes circulent dans l'atmosphère : nous les respirons sans le savoir, ils entrent insensiblement dans les familles, ils en détendent les ressorts, ils en énervent les croyances, ils en corrompent la chasteté : ils y introduisent enfin le désappointement et l'ennui.

L'ennui dans la famille n'est plus seulement cet

ennui vague de toutes choses, qui, dans le solitaire, ne fait au moins de mal qu'à lui-même. C'est un ennui aigri par le désir, envenimé par le rêve de la liberté ; c'est l'ennui de la vie intime, de sa quiétude, de sa régularité, de sa simplicité ; c'est l'ennui de la servitude maternelle, l'ennui de la protection maritale, l'ennui du travail, l'ennui des plaisirs simples, des nobles anxiétés et des douleurs sanctifiantes ; l'ennui enfin, d'où un jour naît la passion.

La famille ébranlée d'abord par le sophisme, et usée par l'ennui, essaye de se régénérer et de se rajeunir par la passion. La passion, elle, se présente sous des couleurs enchanteresses, et avec des images empruntées par un jeu sacrilége à la langue de la dévotion ; elle peint le mari comme l'ennemi, le séducteur comme l'idole ; elle s'écrie, dans un langage à la fois mystique et effréné : Moi, Dieu et lui. Elle écarte l'image des enfants comme des témoins trop accablants, comme des juges incorruptibles ; car elle sait bien que la maternité infligerait à la passion une condamnation inévitable ; elle flétrit la divine pudeur, et semble prendre pour devise ce mot désordonné de la célèbre Héloïse : *Mallem esse tua meretrix quam imperatrix.* Enfin, après avoir un instant arraché l'âme à son désœuvrement et à sa langueur, elle la plonge dans un ennui nouveau plus dévorant encore, l'ennui suivi de la honte et de la déception. Châtiment mérité de tous ceux qui ont cherché le bonheur loin des sentiments paisibles, dans le hasard des affections violentes et dans l'enivrement des plaisirs empoisonnés !

Après le tableau de la famille doutant d'elle-même, dévorée par l'ennui, déchirée par la passion, je pourrais vous montrer encore la famille se raillant elle-même, cachant sous un vain masque de politesse une profonde indifférence, et quelquefois une infidélité réciproque et consentie, trahissant dans le secret des principes qu'elle affiche ouvertement au dehors, victime enfin de l'ironie, de l'indifférence ou de l'hypocrisie, fruits de la corruption humaine sans aucun doute, mais de la corruption favorisée et hâtée par un triste scepticisme.

En face de cet esprit de doute, adversaire déclaré ou dissimulé de la famille, faisons-la paraître une dernière fois dans sa pureté, dans sa grandeur, dans son éternelle sainteté.

La famille, nous l'avons dit, naît d'un grand sentiment ; mais ce sentiment, qui n'est pas pur tout entier, elle le purifie, elle le sanctifie par le devoir. Comment un sentiment peut-il devenir un devoir? demandera-t-on. Mais je demande à mon tour : Qu'est-ce qu'un sentiment qui ne se transforme pas en devoir ? Le sentiment est un principe de mouvement donné à l'homme par Dieu pour l'aider à accomplir les choses grandes et difficiles. Mais il a besoin d'un point d'appui et d'une loi. Ce point d'appui, c'est le devoir, cette loi, c'est la raison. En liant l'amour par les engagements du devoir, en lui faisant promettre une éternelle fidélité, la famille ne va pas contre la nature de l'amour, elle obéit au contraire à sa nature même. L'éternité est si bien de la nature de l'amour, qu'il n'oserait rien demander, ni rien donner sans promettre l'éternité. Ses premiers actes sont toujours des serments de fidélité sans fin, et, même lorsqu'il trompe, il est encore obligé de feindre ce langage, sans lequel il n'obtiendrait rien. C'est une illusion, dira-t-on. Oui, c'est une illusion ; car pour promettre l'éternité de l'amour, il faudrait pouvoir promettre l'éternité de la jeunesse, de la beauté, de l'imagination : mais cette illusion même prouve que l'amour aspire à un idéal qu'il ne peut pas atteindre à lui seul. Il aspire à la paix, et seul il est toujours troublé ; il aspire à l'union, et seul il n'enfante que discorde ; il aspire à l'éternité, et seul il ne dure pas plus que le souffle qui passe ; il aspire au respect de l'objet aimé, et seul il tend sans cesse à le profaner. Le devoir lui donne tous ces biens qu'il ne peut pas se procurer lui-même. Mobile, il le fixe ; inquiet, il l'apaise ; égoïste, il le force au dévouement ; humiliant et oppresseur, il le rend chaste et respectueux. Un auteur, qui ne passe pas pour naïf, a eu la bonne fortune de trouver une belle et pure parole à ce sujet : La chasteté, dit-il, est l'idéal de l'amour (1). On ne peut mieux dire que la famille est l'idéal de l'amour. Car hors de la famille il n'y a point de chasteté.

On fait valoir les droits du cœur et l'impossibilité des vœux éternels. Je reconnais que l'amour a des droits pour former l'union conjugale; mais il n'en a point pour la dissoudre. Au principe de la liberté du cœur j'oppose celui de la fidélité du cœur, et je crois faire au cœur une part plus belle et une gloire plus pure que ceux qui réclament pour lui le privilége de se donner au hasard, et de changer sans cesse d'objet. On se raille de cette fidélité comme d'un sentiment platonique, dont il n'y a point d'exemple. Je ne dis point qu'elle soit facile, je dis qu'elle est obligatoire, et je demande s'il faut prendre

(1) Proudhon, *Contradictions économiques.*

pour mesure de la justice et du bien les sentiments les plus vulgaires ou les sentiments les plus élevés. Ceux qui prétendent qu'il faut obéir au cœur comme à un monarque absolu dont toutes les fantaisies sont des ordres, connaissent bien peu l'histoire des passions. Ils ne savent pas qu'elles prennent d'ordinaire leur source dans l'imagination, c'est-à-dire dans une faculté menteuse qui nous fait adorer ce qui n'existe pas. Or, cette faculté de mensonge, *cette maîtresse d'erreur d'autant plus trompeuse qu'elle ne l'est pas toujours*, peut-elle avoir les droits de nous conduire, et n'est-ce point renoncer à toute personnalité que de lui obéir en aveugle ? Je ne parle ici qu'à ceux qui se font quelques nobles illusions sur les faiblesses de la passion, mais non point à ceux pour qui le plaisir est une loi, et les sens des maîtres légitimes. Ceux-là sont assez châtiés par l'ignorance où ils sont des joies exquises de l'amour délicat.

J'avoue que pour demander au cœur un enchaînement irrémissible, il faut de graves raisons. J'en vois deux qui me paraissent irrécusables : la dignité de la femme et l'intérêt des enfants.

Entre deux êtres dont l'un est fort, dont l'autre est faible, s'il n'y a point de lien, de loi, de devoir qui protége l'un contre l'autre, il est évident que le plus fort finira toujours par opprimer le plus faible. La destruction de la famille, si elle était possible, serait inévitablement l'oppression de la femme.

On représente la famille comme l'esclavage de la femme et la tyrannie de l'homme. La famille, au contraire, c'est le frein de l'homme : c'est la règle imposée à son égoïsme oppresseur, à sa vanité insultante, à ses appétits grossiers, à la légèreté de ses fantaisies. Que si, malgré la loi sacrée de la famille, l'engagement juré, il ne reste pas même fidèle à cette loi et ne respecte pas la femme qui a associé sa vie à la sienne, comment respecterait-il celle à qui il ne devrait rien et n'aurait demandé que le plaisir ?

La famille, au contraire, est la protection de la femme, la garantie de sa pureté et de sa dignité, le noble emploi de ses facultés, la purification et la sanctification de cette servitude du corps que Dieu lui a infligée pour la perpétuité du genre humain. Hors de la famille, la femme, lorsqu'elle se donne, n'est qu'un instrument et un jouet. Celui qui se présente dans la famille comme le libérateur, celui qui propose à la femme la révolte comme l'affranchissement, n'est qu'un oppresseur hypocrite, un méprisable calculateur qui demande tout et ne promet rien.

La seconde raison qui rend nécessaire et légitime le mariage, c'est-à-dire l'union indissoluble de l'homme et de la femme, c'est la sécurité des enfants. Il faut aux enfants des soins, il leur faut des soins continus et des soins unis. L'enfant ne peut se passer ni du père ni de la mère. Ils ne doivent donc pas se séparer l'un de l'autre. Si l'on plaint tant et avec juste raison les enfants auxquels la Providence a enlevé un de leurs parents et tous les deux, ne serait-il point odieux de voir les parents anticiper eux-mêmes sur cette séparation cruelle, et chercher loin l'un de l'autre de nouveaux plaisirs, abandonnant les enfants au hasard de toutes ces rencontres nouvelles? C'est déjà une grande imprudence, pour un des deux époux que la mort a laissé seul, de contracter une nouvelle union, qui peut faire le malheur de ses premiers enfants : cependant il peut arriver aussi que cette nouvelle union soit nécessaire à l'intérêt des enfants eux-mêmes. Mais lorsque le père et la mère sont encore vivants, ce serait une honte d'en confier les soins à des étrangers. Sous quel toit vivra l'enfant? Sous celui de son vrai père ou de son père fictif? Peut-on comprendre que, la mère véritable vivant encore et réfugiée dans une autre maison, l'enfant soit livré à une marâtre?

Quoi qu'on fasse, on ne voit aucune garantie pour l'enfant, hors du mariage, c'est-à-dire d'un engagement perpétuel garanti par la société et par Dieu.

On me dira : Voilà bien d'une part l'intérêt de la femme, de l'autre, l'intérêt des enfants. Mais l'homme lui-même n'a-t-il donc aucun intérêt, et peut-on sans compensation l'assujettir à une loi pénible, qui révolte tous ses instincts ? La réponse est bien simple. L'homme est libre de se passer de la famille, et même d'amour. Mais aussitôt qu'il veut l'un ou l'autre, il serait souverainement injuste qu'il obtînt tout sans rien donner. Pour obtenir le cœur, il doit respecter la dignité. Autrement, il n'est qu'un tyran. Comme la famille a pour éléments nécessaires la femme et les enfants, il faut bien que pour avoir une famille, l'homme s'engage envers la femme et envers les enfants : et cet engagement est vain, s'il n'est point éternel, absolu. Que l'on ne s'imagine point d'ailleurs que l'homme fasse là un mauvais marché. En effet, dans les pays où la femme est engagée envers l'homme, sans que l'homme le soit envers la femme, l'homme n'a point de famille, et la facilité du plaisir y engendre rapidement la satiété et l'ennui. Là au contraire où l'homme n'est point le maître de la femme, mais son compagnon, il lui doit, il est vrai, le respect et la fidélité, mais il a un intérieur et il vit doublement. La famille, c'est un échange réciproque de liberté entre les deux époux. Ce n'est point la faiblesse qui se donne à la force : c'est la force et la faiblesse se donnant l'une à l'autre sous la loi de l'égalité.

Que si enfin l'homme n'est point assez pénétré du respect qu'il doit à la femme, par cela seul qu'elle est femme, qu'il songe au double lien, lien sacré qui l'unit d'une part à sa mère, de l'autre à la mère de ses enfants. Celui qui devant ces deux grandes images ne sentira pas le respect et le devoir s'introduire dans son cœur, et continuera de vanter le plaisir et la séduction, celui-là n'est pas un homme : je ne discute pas avec lui. Si l'homme ne peut concevoir la mère sans le respect, qu'il songe que toute femme est appelée à être mère, et par là mérite le respect; mais il n'y a pas de respect sans devoir : ainsi l'idée de la maternité bien comprise ramène l'homme à comprendre la nécessité du devoir et les saintes nécessités de la famille.

Chose remarquable : l'esprit de doute qui n'a rien respecté, s'est arrêté devant la maternité. Je crois que c'est le seul fait moral de l'âme humaine que le doute et l'ironie aient épargné. Il est vrai qu'en touchant aux principes mêmes de la famille, on altérait indirectement l'idée de la maternité; mais on l'altérait sans le dire, et je ne crois point que dans aucun livre on ait osé peindre sous des couleurs favorables la mère abandonnant les enfants ou les enfants insultant la mère. La maternité est donc la dernière idée morale que l'on puisse attaquer. Lorsque tout serait perdu, elle pourrait encore sauver tout le reste ; elle serait encore la dernière ancre de salut, le dernier espoir, le dernier asile de la sainteté morale : de cette source bienfaisante peuvent jaillir l'une après l'autre toutes les idées grandes et pures; et comme le lait de cette jeune femme qui rendait la vie à un vieillard, la sainte croyance de la maternité pourrait encore insinuer dans les veines d'une société vieillie et épuisée les flots d'un sang pur et rajeuni.

Je n'ai point examiné les exceptions, mais les principes. Le législateur peut chercher jusqu'à quel point il lui convient de compatir à la faiblesse humaine, et de faire exception au principe. La morale ne voit que la règle, et la règle, c'est l'éternité des engagements. Je parle de cette éternité humaine chaque jour menacée, et qui, interrompue par la mort, laisse au survivant une triste liberté.

J'ai dit que la famille avait deux garanties : la société et Dieu. On a cru que c'était la loi qui faisait la famille parce qu'elle y préside, parce qu'elle la protége et la garantit. La société n'est point le fondement de la famille ; elle en est le témoin et la caution. Elle signe le contrat ; mais ce contrat, il est écrit d'abord dans le cœur ; il est dans cet engagement volontaire, réfléchi, prémédité, accepté avec toutes ses conditions et toutes ses charges, avec les vicissitudes de la fortune et les chances de la vie, avec les infirmités de la vieillesse, les déceptions de l'intimité, les oppositions des caractères, la chance des séparations, les fatigues, les soucis, les douleurs de la paternité et de la maternité. Mais pour que ce lien ne repose pas seulement sur une parole fragile, pour que ceux qui s'unissent ne soient pas distraits de leur devoir par une crainte continuelle, il faut une autorité supérieure qui intervienne entre les deux volontés, qui reçoive leurs serments et les garantisse. L'intervention de la société a donc lieu dans l'intérêt des époux. Elle a lieu aussi dans l'intérêt de la société même : car la famille étant un des grands principes de l'ordre social, il importe que la société prenne des sûretés contre les fantaisies individuelles : elle ne peut se fier à de simples serments prononcés dans les premiers transports de la passion : elle veut un serment public et solennel dont elle soit le dépositaire et qu'elle puisse au besoin soutenir de sa sanction.

Au-dessus de la garantie sociale est la garantie religieuse. Je n'examine point sous quelle forme elle est donnée ; mais, sous quelque forme que ce soit, Dieu est toujours le suprême garant de l'union conjugale. Tous les serments ont Dieu à témoin, celui-là surtout qui demande à la nature un si grand sacrifice, qui engage la vie tout entière, et l'engage à l'inconnu. Il faut que l'Infini soit présent à cet engagement qui aspire à réaliser en quelque sorte une image de l'infini dans la vie humaine ; il faut que l'Éternel soit pris à témoin de l'éternité humaine de nos sentiments ; l'Immuable, de l'immutabilité de nos obligations ; la Bonté sans bornes, de ce dévouement et de cette sollicitude de tous les instants dont le mari et la femme prennent l'engagement en s'unissant. Ainsi la famille est triplement sainte, car Dieu est au commencement, au milieu et à la fin. Il est au commencement, puisqu'il est l'auteur du sentiment qui la détermine ; il est au milieu, car il est le principe du devoir et de la morale ; il est à la fin, car il en est le dernier garant.

Appuyée sur l'amour et sur le devoir, exigée par

la dignité de la femme et la sécurité des enfants, garantie par la société et par Dieu, la famille est éternelle. Elle n'a rien à craindre comme institution, elle n'a qu'elle-même à craindre. La famille se soutient ou se perd par les mœurs plus que par les doctrines.

La famille n'a rien à craindre de l'esprit de doute : il y a plus, peut-être est-ce à elle de le combattre et de le guérir : je parle du doute qui porte sur les vérités universelles de l'ordre moral et de l'ordre religieux. Le remède du doute, c'est la simplicité du cœur; et la simplicité du cœur n'a nulle part un foyer plus naturel que le foyer de la famille.

Est-il un homme aujourd'hui, parmi ceux qui ont connu les douleurs du siècle, ce vague ennui chanté par nos poëtes, cette noire mélancolie qui mène quelques-uns au suicide, ce doute amer de toutes choses, qui s'arrête à peine devant le juste et l'honnête, cette satiété des traditions, cette impatience de l'avenir, ces rêves de l'impossible, cette confusion de principes, enfin tous ces maux dont nul n'est exempt, en est-il un qui n'ait senti la paix et le calme renaître en son cœur, lorsque, échappé un instant à la solitude où à la place publique, il revient à la famille ? Qui n'a eu honte de ces noires fumées, nourries par un cerveau aigri, également favorisées par la réflexion solitaire et par la contradiction du dehors? Qui ne s'est pris en pitié, lorsque, voyant autour de soi l'ordre, le travail, les vertus simples, la piété candide, il s'est senti sur la pente qui mène aux prétentions ridicules des imaginations ravagées et des génies incompris? Sans doute, le doute sérieux et sincère a sa grandeur, mais à la condition de ne point toucher au caractère et à l'honneur. Or, c'est une limite très-délicate que celle qui sépare la spéculation et l'action. Lorsque le doute a déjà gagné les principes actifs de la conduite humaine, il est difficile de le guérir par la théorie; ce n'est que l'exemple, et en quelque sorte le parfum insensible de la vertu qui peut rendre à l'âme son innocence et réveiller son énergie.

Je viens de parler des maux produits par l'exaltation des idées. Il en est d'autres qui naissent de la grossièreté des passions. Le matérialisme vulgaire, l'égoïsme brutal, la débauche sans élégance, ou la corruption raffinée, enfin cette sotte ironie qui, avec ou sans esprit, croit de bon ton et de belle apparence de railler les choses honnêtes, et d'insulter les grands sentiments, tous ces vices sont forcés au silence, sinon au remords, au pied du lit de la mère mourante, ou près du berceau de l'enfant. Et comme il y a une contagion du bien comme du mal, je ne doute pas que le progrès de la moralité domestique ne soit un acheminement au progrès de la moralité publique. L'ordre dans la famille, c'est l'ordre dans la société. Le désordre dans la famille, c'est le désordre dans la société. Les uns disent : Il faut changer la société ; les autres : Il faut changer l'individu. Mais la société ne s'améliore pas sans l'individu, et l'individu ne s'améliore guère tout seul ; au moins est-ce une entreprise bien plus difficile. Il nous faut en général un point d'appui, ce point d'appui c'est la famille. Celui qui, pour lui-même, est indifférent à son propre perfectionnement, cherchera peut-être à s'améliorer, comme fils, comme père, ou comme mari, et si peu qu'il fasse, ce progrès profitera à la société. Car la meilleure société sera toujours celle où il y aura le plus grand nombre d'hommes honnêtes et voulant le bien.

J'avais eu le sentiment de cette pensée, lorsque j'avais choisi la famille pour le sujet de ces entretiens ; mais elle s'est confirmée et éclaircie à mesure que j'avançais. J'ai vu ici toutes les opinions et toutes les croyances, tous les âges et presque toutes les conditions, se réunir dans un commun sentiment, et approuver d'un commun accord, lorsqu'une parole honnête tombait de cette chaire ; et j'ai senti que la famille était le lieu de la paix et de la concorde, et qu'il y avait là pour nous tous une source de purification morale. Retrempée dans l'esprit de famille, cette société recouvrera le respect et l'amour, la croyance et l'espérance, la pureté et la fierté. Si elle ne peut guérir tous les maux qui sont inhérents aux sociétés humaines, ni même tous ceux qui sont son apanage particulier, peut-être au moins réussira-t-elle à arracher de son flanc ce trait mortel et sanglant qu'elle porte depuis un demi-siècle, qui lui donne le vertige, qui, selon l'expression de Luther, la fait osciller de droite à gauche comme un paysan ivre, et elle apprendra de nouveau à s'incliner devant ces deux grandes choses, les deux plus grandes, selon Kant, qu'il soit donné à l'homme de connaître, le devoir au fond de nos cœurs et le ciel étoilé sur nos têtes.

FIN.

TABLE DES MATIÈRES.

PREMIÈRE LEÇON.
La vie de famille.

Objet, motifs et plan du cours. — Sujet de la première leçon : De la famille en général. — Ses bienfaits : double besoin de la nature humaine : vivre en autrui, revivre en autrui, amour conjugal, amour paternel. — Ses difficultés : 1º servitudes inséparables de la famille ; 2º complications accidentelles ; 3º opposition des caractères. — La douleur dans la famille. Pourquoi ? La douleur, expiation et avertissement. — Bonheur domestique.. 1.

DEUXIÈME LEÇON.
Le chef de famille. — Le mari.

De l'autorité dans la famille. — En faut-il une ? à qui appartient-elle ? — L'homme, chef de la famille par la supériorité de sa force et de sa raison. — Comparaison de la raison de l'homme et de la raison de la femme. — Différence de l'autorité et de la tyrannie. — L'autorité inséparable de la responsabilité. — Devoirs du mari : protection et fidélité. — Le Code et la morale.
27

TROISIÈME LEÇON.
La maîtresse de maison. — La femme.

Du ménage. Sa moralité et sa poésie. — Des domestiques. — La femme, compagne d'esprit de l'homme, sa confidente, sa conseillère. — La femme consolatrice. — L'adversité, triomphe de la femme. — La femme purifiant la famille. — De la résignation. — De la passion........................... 55

QUATRIÈME LEÇON.

Le père et la mère.

La famille et l'État. — Du droit des parents sur les enfants. — Première éducation physique. Soins de la mère. — Éducation morale. Rôle du père. De l'autorité et de la contrainte. De la règle et du devoir. — Rôle de la mère : défense de l'enfant, persuasion, insinuation, tendresse. — Éducation religieuse. — Changement de rôle entre le père et la mère : tendresse chez l'un, sévérité chez l'autre. — Nécessité de réunir ces deux principes d'action. — Pouvoir de l'exemple.
85

CINQUIÈME LEÇON.

L'enfant.

L'enfance. — Ses vrais caractères. Sa beauté. — L'enfance est-elle naturellement bonne ou mauvaise? Opinion de saint Augustin. — Défauts de l'enfance : défauts naturels, défauts artificiels. — De l'éducation mondaine. — Du respect et de l'amour de l'enfant pour les parents. — Rôle de l'enfant dans la famille. — Éducation morale des parents par l'enfant..... 127

SIXIÈME LEÇON.

Le fils.

Le fils hors de la famille. — Le collège. — Le monde. — La jeunesse. — Amour de l'indépendance. — Curiosité de la vie. — Principe d'action de la jeunesse : l'honneur. — Faux principes des jeunes gens en matière d'honneur : 1° Les dettes; 2° les fausses amitiés; 3° les faux plaisirs. — De l'esprit de famille dans la jeunesse........................... 151

SEPTIÈME LEÇON.

La fille.

Difficultés de l'éducation des filles. — Des qualités naturelles et acquises. Qualités extérieures. Qualités de l'esprit. Qualités du cœur. — Qualités extérieures. De la beauté et de la laideur. De la parure. Comment elle peut fournir des leçons d'art et de morale. — Qualités de l'esprit. Esprit de réflexion. Sentiment du beau. Citation de Töpffer. — Qualités morales. Innocence. Travail domestique. — Du désir de plaire et de l'usage du monde. De la raison et de la dignité morale. De la liberté dans l'éducation des filles. A quelles conditions............ 179

HUITIÈME LEÇON.

Le frère et la sœur.

Retour sur la leçon précédente. — Définition de l'amour fraternel : amitié naturelle. — Des caractères de l'amitié : tranquillité, précision, égalité. Mêmes caractères, mais à un plus haut degré, dans l'amour fraternel. — De la confiance fraternelle. — Education des frères les uns par les autres. — Des sœurs. — Analyse de l'amitié entre frère et sœur. — De la différence des âges. — Du droit d'aînesse. — Devoirs de l'amour fraternel. — Une page de Silvio Pellico........................ 219

NEUVIÈME LEÇON.

La parenté.

Des liens de parenté en général. — De la famille patriarcale. Ses principes : l'autorité et la piété. Ses vices : absolutisme, haines de famille à famille. — Des devoirs de parenté. Trois espèces de parenté : parenté en ligne directe, parenté collatérale, parenté d'alliance. — Devoirs envers les grands-parents. Des ancêtres. Traditions domestiques. — Autres devoirs de la parenté. — De l'honneur de famille. Des réunions de famille. — Extinction de la famille............................ 245

DIXIÈME LEÇON.

Le siècle et la famille.

Le dix-neuvième siècle. Doute. Ennui. Esprit de révolte. Ironie. Indifférence. — Influence de l'esprit du siècle sur la famille. — Dernier tableau des principes de la famille. L'amour et le devoir. La dignité de la femme. L'intérêt des enfants. — Double garantie de la famille. La société et Dieu. — Lutte de l'esprit de famille contre l'esprit du siècle. — Conclusion.   271

FIN DE LA TABLE.

Corbeil, Typographie de Crété.

www.ingramcontent.com/pod-product-compliance
Lightning Source LLC
Chambersburg PA
CBHW071239160426
43196CB00009B/1117